成事话术

冯健斌 —— 著

苏州新闻出版集团
古吴轩出版社

图书在版编目（CIP）数据

成事话术 / 冯健斌著. -- 苏州 ： 古吴轩出版社，
2024. 8. -- ISBN 978-7-5546-2425-8

Ⅰ. H019-49

中国国家版本馆CIP数据核字第20245X8E59号

责任编辑：俞　都
见习编辑：万海娟
策　　划：杨莹莹
装帧设计：书　颜

书　　名：成事话术
著　　者：冯健斌
出版发行：苏州新闻出版集团
　　　　　古吴轩出版社
　　　　　地址：苏州市八达街118号苏州新闻大厦30F
　　　　　电话：0512-65233679　　　邮编：215123
出 版 人：王乐飞
印　　刷：天宇万达印刷有限公司
开　　本：670mm×950mm　　1/16
印　　张：12
字　　数：116千字
版　　次：2024年8月第1版
印　　次：2024年8月第1次印刷
书　　号：ISBN 978-7-5546-2425-8
定　　价：49.80元

如有印装质量问题，请与印刷厂联系。0318-5695320

第一章

破冰话术

第二章

进阶话术

第三章

管理话术

第五章

谈判话术

第三节　谈判中如何创造认同感

第一章

破冰
话术

第一节

面试应聘时的实用话术

　　有的人或许在日常社交中游刃有余，掌握着各种对话技巧，然而一旦置身于面试的场景中，面对面试官的眼神和提问，却常常感到紧张不已。很多人将面试视为获取工作岗位的途径，因此内心总觉得自己有求于人，处于弱势地位，从而在对话时显得气势不足，缺乏自信。实际上，面试是一个双方信息交换的过程，就像相亲一样，你和企业之间先进行初步的了解，然后再探讨进一步合作的可能性。

　　大多数面试的节奏都非常紧凑，面试官不会与你长时间闲聊，因为还有其他人在排队等候。如何在有限的时间内展现出与公司岗位相匹配的形象，是你需要认真思考的问题。同时，你应聘的岗位还有未知的竞争者，面试时你需要毫无保留地展现最好的自己，确保你的面试得分远远超过其他竞争者。

当然，面试是一个可以预演、彩排的事情，请在面试之前预设对方可能会提出的需求和问题，并准备好应对方式和回答。我们应该从哪里开始准备话术呢？首先看看你的简历，简历同时也是你介绍自己的大纲；其次是尽可能地了解这个岗位、企业，甚至行业。

面试时 HR 的常见问题：

①可以介绍一下自己 / 介绍这一项工作经历吗？

②你觉得你有什么优势 / 你觉得我们为什么要录用你？

③你希望遇到一个什么样的团队 / 上司 / 管理模式？

④你觉得你的缺点是什么？

⑤你有什么爱好 / 特长吗？

⑥你如何看待 ×××（工作待遇、工作环境、专业、场景模拟……）的问题？

⑦你对我们公司 / 这个岗位了解吗？

……

公司面试提问一般不会超出以上问题的范围，在面试前把问题都思考一遍，可以确保自己表述流畅、内容全面。

1 面试时的自我介绍可以这样说

在面试开始时，你可以大大方方地简述自己的个人情况，使用一个在面试任何公司时都能适用的自我介绍模板：问好、姓名、毕业院校和专业、年龄、地区、面试的岗位等。你可以在面试之前多次排练，以保证自信、流畅地表达。

> ☑ "您好，我叫成小华，叫我华仔就好。我今年毕业于××工业大学的××专业，这次是来面试智能软件测试岗位的。"
>
> ☑ "下午好，吴小姐。我是早上跟您联系面试的苏小珍，今年26岁，应聘岗位是销售岗。"

基本情况简述完之后，就可以等待面试官或 HR 根据你的简历或者提纲向你提问了。而像星座、生肖、爱好这些与工作关联性不大的次要信息，如果对方不提问，尽量不要主动说起。

值得注意的是，在一些面试中，特别是在事业单位等编制类单位面试中，为了保证公平公正，如果面试官没有要求你进行自我介绍，那么你不可以说出自己的个人信息，包括姓名和身份证号码，为保证自己不顺口说漏嘴，直接听指令回答问题就行。

2 HR 询问离职、转行原因时这样说

天下无不散之筵席，离职是职场中的正常现象。新公司想要了解你最近一次的离职原因，一方面是希望了解你为人处世的方式，另一方面是避免你与新的岗位或公司的情况不匹配。

面试官对你过往经历了多少人事关系波折没有兴趣，只希望不是因为你的个人原因而导致在短期内再次离职，所以回答这个问题时一定要谨慎，无论在前一个公司受到过多大的委屈，对公司有多少的怨言，都不要在此时作任何负面的回答，尤其要避免对公司和领导的批评，避免给面试官留下负面印象。过去的经历已经过去，我们对未来的设想应该是积极的，离开是为了追寻更好的发展机会。例如，觉得工作没有学习、发展的空间，自己想在面试工作的相关产业中挑战新的领域，或是前一份工作与自己的职业规划不符等。总之，答案最好是积极正面的。

　　不要掺杂主观的负面感受，如"工作太辛苦""人际关系复杂""管理太乱""公司不重视人才""公司排斥员工"等。如果原因是"想换换环境""个人原因"等，不要表述自己负面的人格特征，比如想"躺平"、和同事处不来、嫌通勤远等，尽量使解释的理由为应聘者的个人形象添彩。

　　❌ "我离职是因为前公司经营不行，倒闭了。"

　　✅ "我在这家公司工作4年了，但由于去年行业形势突变，公司的发展状况没有跟上市场转变，面对这种局面，我觉得很遗憾，为了重新寻找能发挥自我价值的舞台，我向公司提出了离职。"

除非是薪资太低，或者离开的是最初的工作，否则不要用薪资作为离职的理由。离职理由要结合每个人的真实情况来组织语言，在回答时一定要表现得真诚。实在想不出来的时候，可以回答"因为家中有事，需要换个工作环境"。

3 HR 询问女员工婚姻、生育情况时这样说

为什么面试的时候 HR 喜欢询问婚姻和生育状况呢？而且这个问题往往是针对女员工的。很多时候，这并不是用人单位对女员工的歧视，而是面试官想知道求职者是否能平衡自己的工作和生活。毕竟公司招人是为了完成工作，如果求职者很快会因为家庭而频繁影响工作，那么会对公司的业务运营产生不利影响。

那么作为女性求职者，如果用人单位的 HR 提出这个问题，我们要如何正确回答呢？

虽然这个问题会遭到很多女性的反感，但是直接拒绝回答，显然不是明智的选择，会让面试的表现大打折扣。

"这是我的隐私，这和工作无关。"

"我想我有权利不回答这个问题。"

有的女性可能害怕自己的婚姻、生育状态影响到这份工作，

所以会给出不实的回答。这其实也是完全没有必要的。其实，我们坦诚地说出自己的婚育状态，同时向面试官表述自己不会因为婚姻、生育状况耽误工作，并给出一个真实的生活规划和职业规划，相信更有利于双方合作。

☑ "我今年 25 岁，毕业之后就结婚了，但我和我爱人已经决定在近 5 年不会要孩子。首先考虑到的是我们本身还年轻，需要先拥有事业基础，然后才能支撑起家庭。与此同时，我有自己的职业规划，因此，除了工作，我会将业余时间花在学习专业知识上。我希望能在 5 年内晋升为设计总监，为公司创造更大的价值，也希望公司未来能够给我提供一个更好的发展机会。"

4 HR 询问职业规划时这样说

除了了解你当前的工作情况和个人情况，有的 HR 还会向你提问："请谈一下你接下来 3 ~ 5 年的职业规划是什么。"

☑ "我会快速熟悉业务、适应岗位，逐步提高自己的专业能力和技能，并且在公司里不断向上争取更好的发展，逐渐独当一面，同时保持持续学习的心态，掌握行业相关知识，提高自己的业务能力，为公司创造更多的价值。"

个人发展类问题主要考察你的职业规划是否与公司发展同频，同时也可以反映你对自己的人生与职业规划是否清楚。

5 HR 让你自我评价时这样说

面试官的很多提问都是围绕"你有什么优点？""请告诉我，公司为什么要录用你？"这类问题来展开的，你的答案其实就是说服他录用你的理由，你不仅要表达出你"很不错"，还要让对方觉得你"很合适"。因为不同行业、不同工种的性质不一样，不论你是内敛的还是外向的，是专注技术的还是擅长社交的，适合岗位的人选才是公司最想要的。

比如你正在面试的工作有强实践属性，你就要专注表现你的实践能力，凸显你的优势。你可以挑 2 ～ 4 个方面进行有力的讲述，用一些例子来证明你的经验和你在这项工作方面的可靠性。

☑ "我认为我在这份工作／这类项目当中最大的优势是我的经验、我的可靠性、我的某项技能和我的某项个人特质。我有 × 年在某工作领域工作的经验，我对某类项目或任务职责的了解以及对相关工作流程的熟悉，意味着我能够胜任这份工作。比如（列举一个你最满意的工作事例）。"

"我相信我的（相关技能）能够对这份工作起到积极作用，它能让我（解释这个能力为什么重要）。另外，我的（性格、特质）能够在（对应的行业环境／企业团体／实体场景／人际关系）上帮助公司发展。"

6 学会正确的谈薪技巧让你收入大增

当面试官说："我看你简历上写的期望薪酬是 ×××，如果我们给出的薪酬低于你所期望的薪酬，你会如何选择？"

✅ "我找工作会更看重职位的发展空间和公司的发展前景，如果认为二者确实不错的话，薪酬方面可以再商量。不过我也相信，公司也一定能看到我的价值，能够提供符合我价值的合理薪酬。所以，我更愿意与公司共赢。"

你不能回答"要看少多少"或者直接说不能接受，这样 HR 会在薪酬情况上降低你的分数。你可以强调自己关注的是工作机会本身。

第二节

如何在初次见面时
快速凸显个人魅力

    人类有时仿佛是一种直觉驱动的动物，这使得我们在人际交往中倾向于趋利避害。初次交流的过程，实质上就是构建对他人印象的过程。很多时候，这些印象自第一次见面起便已形成，并且当我们回忆某人时，首先浮现的往往是初次见面时的印象。若初次见面时你表现得彬彬有礼，那么日后他人听闻关于你的负面消息时也会有所迟疑；反之，若初次见面时工作表现不佳，后续想要改变领导和同事对你的不良印象则需付出相当大的努力。

    初次见面交流时所形成的印象至关重要，它在很大程度上决定了双方后续交往的态度。因此，在初次见面时，我们不仅要注重仪容仪表、确保准时出席，还需在言行举止上细心斟酌，力求给人留下一个良好的第一印象。

人类有时候就像是一种直觉动物，这让我们在人际交往中也会去趋利避害，初次交流就是对一个人建立印象的过程。而且很多印象可能在第一次见面时就已经定型，当我们回忆一个人的时候，想起来的往往是我们对他的第一印象。如果第一次见面的你给人感觉彬彬有礼，日后大家听见关于你的负面传闻都会迟疑一下；如果一见面就搞砸了工作，后续想改变老板对你的偏见可要花很大的力气。

初次见面交流产生的印象非常重要，很大程度上影响了彼此往后接触的态度。因此，在初次见面时，除了准备良好的仪容仪表、准时出席等，我们也需要在言行上花点儿心思，以给人留下良好的第一印象。

1 职场新人想要融入集体，选恰当话题破冰

午饭时间到了，新入职的阿珍到食堂打完饭，刚好发现同组的同事所坐的那一桌还有空位，便坐了过去。她希望能够和同事们聊天，而不是只打个招呼就埋头吃饭，但是一时之间也不知道开口说什么，只好一边用餐一边听着同事们聊天。

试问如果你是此时的阿珍，想和同事快速拉近距离，你会怎么做呢？如果是在食堂、室外、茶室等非工作场合，我们可以从一些日常的话题开始聊起，比如聊聊彼此正在吃的饭菜、日常的见闻。然后可以聊对方感兴趣的话题。人们都喜欢讨论自己，但

好的聆听者不常有，我们应主动探索对方感兴趣的话题，可以从对方的言语、日常衣着打扮、服饰挂饰，甚至手机壁纸、头像等方面了解对方的兴趣。只要打开了话匣子，让对方来主导话题，当他们感到被尊重自然会更乐意接近你。

> ☑ "有没有觉得今天食堂的菜像换了个厨师啊？"
>
> "对啊！我们刚刚也说，今天的菜……"
>
> ☑ "好像这周二 ××× 的演唱会门票要开票了，你们有人抢吗？"
>
> "是啊，你也想去吗……"

但是需要注意的是，在职场环境中切忌将自己的隐私过度暴露，也不要讲别人的坏话。世上没有不透风的墙，可不要因为一时口快而做得罪人的事。

2 在领导面前表现自己，态度尤为重要

相信很多进入职场的人都有过这样的困惑：在企业，我们要如何在领导面前表现自己？是积极主动还是埋头苦干？

的确，在现代社会，只一味地埋头苦干很容易被别人"抢功"。要知道，职场如战场，我们不表现自己，别人很快就会取代我们，这时候再想表现自己就晚了。但是，表现自己也是要讲究方法的，

尤其是态度，十分重要。比如，在工作时，要有一定的工作原则，让领导看到我们有能力的同时，也看到我们有专业的原则性。

领导："小张，你比较细心，看这个合同能不能改一下？"

❌ 小张："好的，我马上去改。"

领导："小张，你比较细心，看这个合同能不能改一下？"

✔️ 小张："领导，我会再仔细分析一下客户的合同，不过我之前也已经认真看过了，觉得这个合同不能改，因为一旦有问题，那我们公司将会承担不该我们承担的责任。"

3 第一次与老板面谈，这样说留下好印象

第一次与老板面对面交谈，想必很多人都会感到很紧张。主要是我们担心给对方留下不好的印象。那么，如何与老板面谈，才能给对方留下好印象呢？

除了要对老板足够尊重，还要仔细聆听老板说的每一句话，理解对方说的话里的含义，并且及时回应。

听完老板讲话，有不明白的地方可以提问，不要不懂装懂，如果有建议或想法，可以委婉地讲一下。但是绝对不能自以为是，

毕竟老板的专业性和能力也是很强的。除此之外，如果老板问我们一些工作问题，我们一定要从公司的角度给出答案，千万不要从个人角度出发，给出自认为合理的答案。

> 老板："小赵，上午的项目会你也听了，有什么想法吗？"
>
> ❌ 小赵："王董，我在这个行业做了有几年时间了，虽然不敢说精通，但是也算是比较专业的。上午的项目方案，我觉得存在很多疏漏，我个人不建议给客户提供这样的方案。"

不管小赵说的是不是真实情况，这种只下结论却没有实质性的问题分析的表态，往往会给老板留下自以为是的印象。

> 老板："小赵，上午的项目会你也听了，有什么想法吗？"
>
> ✅ 小赵："听了项目部同事的讲解，方案中很多精彩的地方，是我之前没想到的，令我受益匪浅。只是有一点我不太清楚，需要向您请教。"
>
> 老板："尽管说。"
>
> ✅ 小赵："既然我们的时间、成本都这么紧张，为什么

要在方案中做这么多的异形设计？这是不是增加了成本和难度？我觉得从美观度上讲，还有其他方法来替代异形设计。"

4 想和同事迅速拉近距离可以这样说

刚进入公司，我们可能谁都不认识，因此，最简单的方法就是通过与同事聊天，拉近彼此之间的距离。要知道，在职场上，并不是所有同事都愿意接受新员工的。我们进入一家企业，一般最先认识的是人力资源部门的员工，他们也相对热情。与其他同事相处，我们首先要做到主动跟人打招呼或者聊天介绍自己，在态度上，要谦逊一些，可以买点吃的或者喝的分享给同事。

☑ 我："李姐，你好。我是新来的设计王小可，您喊我'小可'就行。以后工作上，有做得不好的，您多指点。"

除了闲聊，向同事请教或探讨工作也能拉近彼此的距离。

☑ 我："李姐，我看您在资料上贴了不同颜色的标签纸，这是做什么用的？"

同事："这些标签纸的作用是这样的……"

5 想加入同事聊天可以这样说

我们希望融入同事中，首先要注意大家聊的是什么。如果我们懂一些这方面的内容，就可以插几句，想必同事也不会介意的。如果我们不懂，也可以大大方方地询问。一般来讲，同事也是愿意开心地与我们交流的。

> 同事 A："最近那部悬疑剧《××》很好看，你们看了没有？"
>
> 同事 B："我看了，我看了！真的很好看！"
>
> ☑ 我："我也看了，悬念设置得很好，剧情都快过半了，我还是不能确定凶手是谁。"
>
> 同事 A："那我们可以猜猜凶手到底是谁，等结尾的时候来验证谁猜得对。"
>
> ☑ 我："好啊好啊，我的分析是这样的……"

如果我们钓鱼，同事也钓鱼，双方就具备了共同的爱好，更容易聊到一起。

> 同事 A："明天去钓鱼？"
>
> 同事 B："好。"

✅ 我："我也去，我搬来这里之后还不知道在哪儿钓鱼，想了很久了。"

6 职场聊天禁区一定要把握

职场环境切忌一上来就交浅言深，更要避免讨论同事之间的冲突或争论，尊重个人隐私和个人边界，以免在不经意间踩雷。比如说，要避免谈及对方的个人生活和家庭、体型和外貌、政治和宗教观点、待遇和薪资等，懂得察言观色的人能在职场上走得更顺畅。

如果话题是由对方挑起的，我们既不想无礼地结束话题，又不想在这个话题上表露太多自己的想法，可以用一些话术来"糊弄"过去。

"是吗？你觉得真的是……吗？"（重复一遍对方说的观点，鼓励对方继续往下说。）

"嗯嗯，对了，你这么一说倒是提醒了我，你知不知道……"（当你不想继续对方的话题时，可以把话题带到别处。）

第三节

想成为调动气氛的人，要先学会控场之术

目光聚焦之地便是舞台，有演员，也有观众。有些人喜欢低调，有的人则希望成为舞台焦点。持续吸引周围人的关注是一种能力，把话题引到自己想要的方向需要技巧。当我们说一个人很有气场，其实是他们在无形中掌控了交谈的节奏，引导着谈话的气氛顺着他们所期望的方向发展，这样的人就是人们常说的"控场王"。

想要成为控场王，既要有在人群中自信说话的实力和本领，还要有应对突发情况的能力。

1 如何策划一场让领导和同事都喜欢的团建活动

几乎每个职场人或多或少地接触过团建，团建已经成为职场

交往的重要途径之一。组织一场让领导和同事都满意的团建活动，可不是一件容易的事情。

最简单的方法，准备 2 ~ 3 个方案让老板和同事去选。要先广泛征求同事的意见，再让老板最终拍板。在让同事选择的时候，要着重介绍方案的主题和内容。在向老板介绍方案时，要着重介绍方案的预算、所需时间和大家的倾向。

> ✅ 我："李姐、王哥，我做了两个团建方案：方案一是上午进行破冰游戏，下午徒步，晚上泡温泉；方案二是上午自由活动，下午竞技游戏，晚上篝火晚会。你们看看更喜欢哪个？
>
> 李姐："方案一挺好，徒步之后泡个温泉，能好好休息一下。"
>
> 王哥："我不擅长表演，还是方案一更好。"
>
> ✅ 我："赵总，我做了两个团建活动的方案，想征求一下您的意见。方案一主要是户外拓展训练，更注重挑战精神和团队合作精神的培养；方案二以休闲和娱乐为主，结合竞技游戏和团队表演，氛围轻松。两个方案的预算都差不多，时间都是 2 天。同事们更倾向于方案一。"
>
> 赵总："我也觉得方案一不错，就这个吧。"

除了询问同事和领导的建议，我们要考虑充足，即便确定了团建的地点和时间，也要安排好出发和返回的时间，并规划好路线，提前跟相关的人员联系好。

☑ "各位领导和同事，团建地点我发到公司的微信群里了，明天我们在公司集合，并乘大巴前往，大约 9 点到达这家度假酒店。因为天气较冷，大家一定要穿厚一点儿。"

在团建前，要提前安排好具体的活动项目。这样才能避免出现冷场。

2 如何化解公司团建活动开场前的尴尬

大家有没有想过，有领导力的人在群体中都具有什么样的特质？他们不一定是最能干的人，但他们是最敢说的人，能勇于站到大家的面前表达自己，影响别人。

比如在因停电而产生混乱的情况下，快速反应并主动指挥大家行动的人；当众人围绕一个问题争吵不断的时候，敢于站出来拍板推进进度的人；在众人产生思维定式的时候，敢于提出不同意见的人……人既有从众的惯性，也会有自己的主见甚至偏见，因此你要做的不是说服每一个人，而是让关键的人或者大部分人听见并认同你的声音。

比如在华仔参加的这场活动中，晚上参加联谊活动的人完全没有了白天培训时的积极性，都自顾自地站在场外；而主持人被困在了签到桌边，抽不开身到场内组织众人活动，大家像是一群内敛的陌生人在等待指令。

遇到这种情况，你可以尝试让自己暂代主持人的角色，当每一个人都在被动等待接收信息的时候，不要担心自己"反客为主"的举动会被质疑。如果有人质疑你，你可以顺势把主持人的角色让给对方。你可以先主动了解活动的流程，将活动氛围营造起来，拿起麦克风并自信、大方地欢迎大家：

> ☑ "欢迎大家来到今晚的活动，请还没签到的朋友稍移玉步，先到签到台签到，活动将在 8 点钟正式开始，签到完的朋友可以先拿点儿饮料到自己的位置上休息。"

（以主持人的姿态去调动气氛，大家才会听你的指挥。可以进行一些善意的提醒，让大家有序度过"空白"时间。）

3 邀约同事聚餐有技巧，让对方难以拒绝

无论你是为了请客吃饭还是为了帮人邀约，在开口之前要弄清楚请客的理由是邀约时就能直接说的，还是要等到吃饭的时候再提出来。因为有些理由不适合提前说，一旦说了就会导致饭局

邀约失败。

如果只是单纯的一起聚餐吃饭，可以在对方不忙的时候直接大大方方地说出来，但最好是私聊或者周围没人的时候当面说。

> ☑ "小陈，我约咱们部门的同事今晚 7 点一起到 ×× 吃饭，你也一起来吧！"

如果是替别人邀约的话，一定要说清楚发起人和具体的信息，可以私聊发信息留言，也可以打电话邀约。

> ☑ "赵总，下午好。我们李总想约您和 ×× 公司的副总一起叙叙旧，请问您今晚 × 点有时间提供一下 1—2 个时间方案选项吗？我们李总好久没见您了，非常期待这次聚会。"

4 开会被领导点名发言时这样说

在开会的时候，经常会遇到被领导点名发言的情况。那些反应机敏、能言善道的职场人在遇到这种情况时，往往能头头是道地慷慨陈词一番。但那些刚进入职场的或不善言谈的职场人在这种时候，总是支支吾吾、不知所云，不但无法给领导留下好印象，还会让现场陷入尴尬的境地。

那么面对这种即兴发言，我们如何才能在短时间内组织好语言，给领导留下一个好的印象呢？

很多时候，领导让我们发言，并不一定是想要听我们对工作有什么不同的见解，而是想让我们对这次会议的决定表个态。因此，无论我们有没有独到的见解，一定要积极地发言。

一般来讲，即兴发言是有一套话术的：先感谢领导给我们发言的机会；再对前面同事说的话表示赞同；最后，自谦地抛出自己的想法，并请领导和同事进行指正。这样的发言能让领导感受到我们既有谦虚的态度，又有独到的想法。

✅ "感谢赵总给我发言的机会，我资历尚浅，听了同事们的发言，真是学到了不少。尤其是从同事对方案的专业分析中，我学到了方案制定的标准流程。在此基础上，也给了我一些新的启发。比如，我们能不能在方案的操作流程中增加一个自检流程？就是做完自己负责的工作之后，都进行一次自检，这样是不是更能避免疏漏？当然，我的想法还不成熟，希望大家批评、指正。"

第四节

尴尬的气氛下，说好话不如会说话

　　人们之所以会感到尴尬，是因为担心自我暴露或受到他人的评价。在社会中，已经形成了一套行为规范，人们会依照这套行为规范，对他人的行为做出积极或消极的评价。为了融入群体，我们会将这些行为规范内化。例如，当大家都在表态时，我们可能会觉得保持沉默是不合适的；在公共场合摔倒，我们可能会担心被人注意或嘲笑。同时，我们也会用这些行为规范来约束自己的行为。有时，我们会置身于一些充满矛盾的社交场景之中。在这种情况下，我们需要运用机智和灵活的手段来妥善处理。

　　我们难免会遇到各种尴尬的事情，人多的地方矛盾也多，有的人有话不直说，全往心里拨，说好话还不一定就能讨好人，甚至有时候还会在无形中得罪人。

当然，不是因为好话不能讲，而是好话也要看场合说。例如，当众人正在吵架的时候，不合时宜的夸赞就变成了一种偏袒，容易"引火上身"。

因此，会说话的第一步就是摆正心态，先审时度势。

1 电梯里遇到大领导，气氛尴尬时可以这样说

在电视剧里常有这样的场景：早上上班到电梯门口就碰到比自己高好几个级别的领导，即将迟到的你只好硬着头皮和大领导同乘一部电梯，而电梯里只有你们两个人，这时你内心焦灼地想：我该说些什么呢？

当遇到这种情况的时候，我劝你别急。因为在不确定对方的情绪的时候，尽量保持安静，最怕多说多错。礼貌地打招呼之后，就可以安静地站在角落里。

如果有不得不说的事情，就要先想清楚自己要表达的内容，用一两句话简明扼要地表达。因为乘坐电梯的时间很短。

✓ "领导，早上好。有一个紧急通知，市考察团因行程变动，希望提前到上午 10 点到，请问您 10 点有其他安排吗？"

简单概括情况，表达的内容要有逻辑、有条理，先重要后次要，不用说得太着急，语速要稳定，事与事之间要停顿，给领导反应或问话的时间。

除了正式工作内容，有合适的机会可以和领导闲聊谈家常，但是下属尽量不主动开口，也切忌过分"自来熟"。

2 和领导独处，这样聊天才不会尴尬

在工作中，难免会遇到与领导单独相处的情况。比如陪领导出差途中、开会空档领导坐旁边……遇到这些情况，我们普遍有一个困惑，那就是我想和领导聊天、寒暄，但不知道聊些什么，导致气氛很尴尬。

其实，无论我们和领导聊什么，总原则是在不冒进的情况下，把领导聊高兴。当然，有一些需要避讳的话题，如果领导不主动提起来，我们尽量不要去问，也不要去聊。比如领导的私生活、对某个同事的看法等。

那么，要和领导聊什么？怎么聊呢？

可以聊领导的兴趣爱好。如果我们知道领导爱喝茶，就可以

跟领导聊聊茶文化，如果我们不懂这些，以请教的姿态和领导聊天也是好的。

> ☑️ 我："李总，听说您爱喝白茶？白茶与绿茶有什么不同吗？"
>
> 领导："不同的地方太多了，口感、茶汤颜色、制作工艺、发酵程度都不同，这是一个比较深的问题。"

除了聊领导的兴趣爱好，还可以聊聊行业现状或社会热点，如果领导的性格比较平易近人，那么可以适度聊聊业内八卦等话题。

> ☑️ 我："听说今年高考新增了 AI 智能巡查系统，实时分析研判考试异常行为。"
>
> 领导："听说 AI 能对财务进行预警、风险评估等，这方面你可以和小王研究一下，以后像数据处理、报表编制这类工作，可以靠 AI 解决。"

3 在领导面前说错话如何巧妙救急

我们在与领导交谈时，如果话刚说出就立刻认识到自己错了，说明我们的头脑还是清醒的。但是说出去的话犹如泼出去的水，收是收不回来了。因此，我们要学会一些救急的妙招。但是不要过分解释，以免越描越黑。

❌ 我："王董，项目的方案已经发您邮箱了。"（其实忘记发给领导了。）

领导："我没收到。"

我："抱歉，王董。怪我，我熬夜加班赶出来的，可能太困了，错以为已经发您了，现在就发您。"

（这样的解释很容易让领导误认为我们是在变相"邀功"。）

✅ 我："王董，项目的方案已经发您邮箱了。"（其实忘记发给领导了。）

领导："我没收到。"

我："抱歉，王董。我忘记发您了，现在就发。看来不能生病，一生病就脑子不好使了。"

（自嘲的方法能够让我们轻松化解尴尬，当然，并不是每一次都能用这种自嘲的方法。）

✅ 我："王董，下午3点的会议，需要通知谁参加？"

领导："下午3点有会议？"

✅ 我："抱歉，我口误了，下午5点。"

（很多时候，一些小错误，领导是不会在意的，所以没必要过多解释，但是要及时承认错误，并改正。）

4 被领导和客户质疑时的高情商应对术

明明是其他同事犯的错，领导却误会是你的问题，并当众批评你。

此时，你不要当众反驳和解释。当众反驳和解释不仅会让领导下不来台，还容易在不冷静的情况下越描越黑，让领导反感。

☑ 我："抱歉，领导，发生这样的事情确实是我没考虑全面，我立刻查实一下问题的原因，然后给您一个完美的解决方案。"

查清原因后再私下找领导解释清楚，并给出解决方案，不仅能消除领导对你的误解，还能让领导对你的处事能力刮目相看。

同样地，当客户当众质疑你，而这个误会不是一时半刻能够解释清楚时，可以尝试不在事情的对错之间纠缠。

客户："你介绍的这个款式在实际投放数据之中并没有你之前承诺的效果。"

☑ 你："首先要感谢您对我们产品的信任，您愿意投入市场进行测试，说明您肯定对它有一定的信心。不过我们也留意到近期市场上有同类型的产品出现，可能我们的配套营销策略还需要调整一下。不如我们彼此把数据同步一下，接下来大家一起看看怎么把效果提升上去。”

不要把提出反对意见的客户放到自己的对立面上，要把他拉到自己这边，让对方觉得我们也是在为他好，是为他服务的，出现了错误和纰漏可以跟进调整，而不是产品、服务本身出了问题。

第二章

进阶话术

第一节

如何磨炼沟通技巧，向上沟通不怯场

为什么在面对一项难以独立完成的新任务时，有些人会感到一头雾水、焦虑不安，而有些人却能游刃有余地解决问题呢？这往往只是沟通上的差异。因为有些人敢于开口，主动向上级请求资源调配：他们请不动的同事，领导却能调动起来；他们想不通的思路，通过开口询问就能获得同事的经验传授。相反，有些人因为害怕与上级沟通，遇到困难就停滞不前，直到接近交付时间才不得不向领导报告，这时领导自然只会责怪他们没有早点沟通。

那么，向上沟通是否意味着凡事都要去找领导询问呢？当然不是！领导希望的是你能对每件事情都有回应，但并不希望你成为一个事事依赖、缺乏主见的人。有些新人为了避免被领导认为

依赖性强、缺乏独立思考能力，遇到问题总是自己憋着，绝不轻易麻烦领导。明明开口问一句话就能解决的事情，他们却非要自己拖上好几天才完成。结果，虽然领导可能认为你能够独立完成任务，却感觉与你关系疏远，甚至觉得你"游离在组织之外"，这显然是得不偿失的。

我们中的很多人都低估了管理者们期待下属求助的意愿。实际上，他们更希望在困难来临时能够尽早了解情况，并提供必要的帮助和支持。

1 如何让领导愉快地说"没问题"

有句俗话叫"好关系是麻烦出来的"，向老板寻求帮助时，也能让双方接触和了解更多，加深彼此的关系。那问题来了，如何让领导愉快地说"没问题"呢？有的人找领导求助，一上来就只说一堆问题"轰炸"领导。

> ✗ 我："领导，这次你真的要帮一下我了！这个项目我之前完全没有接触过，而且这个甲方的要求非常刁钻，方案不停地改来改去。之前对接过这个客户的阿美又回去休产假了，微信怎么问她也不回复我。还有啊，公司的电脑太陈旧了，经常没法工作……"
>
> 领导："你先冷静一下再来找我。"

这种提问题的方式会让领导产生负面情绪。可我们的目的是解决自己手上的工作难题，正确的表述方式是：先说自己做了多少事，完成了多少进度，再和老板说请求。

> ☑ "老板，我们这个月 A 产品系列的预售数量已经破了 5 万份了，距离您设定的目标不远。我们团队希望可以再冲击一下，但是最近人手不够，所以想向您申请两个外包人员来协助一下。"

先表述你的行动，放大事情的优势，弱化问题的存在，再提出需求。

> ☑ "老板，这个计划书目前框架已经基本搭好了，但是实际运营的经费比我们之前的预算要多，如果还是按照合同的费用的话，会影响团队的执行力和凝聚力。能不能把预算调整一下？这样既能保障项目运营，又能够令项目的经费使用更加顺畅。"

尽量将你的需求表达成是为了团队、为了客户而提出的。

除此之外，要保证事事有回应、事事有跟踪。领导为你的工作提供了支持，事情完毕之后你应向领导汇报，反馈结果。不然等领导想起来这件事，一了解发现已经解决了，你却毫无感谢之意，领导会觉得自己的帮助被轻飘飘地带过了，以后就会考虑是否再给予你帮助和支持。

2　识别领导的社交类型，知己知彼，百战不殆

如果我们能摸清领导的脾性，找准领导喜欢的交流方式，就可以很快赢得领导的信任。如果我们懂得社交类型这一理论，识别出领导的社交类型，选择合适的方式进行沟通，就能找到最好的沟通方式。

每个人都有属于自己的个性。心理学认为，社交类型不同，感到舒服的交流方式也不尽相同。因此，在职场上，我们可以根据领导的社交类型采取不同的沟通策略。

领导的社交类型分为以下四种。

第一种，行动派领导。这样的领导有明确的主张和统领能力，我们与其交流工作要有效率，直接说工作内容和结果，无需拐弯抹角。

> ☑ "张总，乙方已经做完了设计，预计月底能够完成项目，按照合同，我们需要提前准备预付款。"

第二种，思考派领导。这样的领导注重细节，重视整体效果。我们与这类领导沟通，要注重沟通细节，考虑要全面。

✅ "张总，客户在布展过程中提出了几点建议，按照客户的建议，我们的成本会增加5%。于是我们想办法说服了客户，按照原来的方案进行。"

第三种，感觉派领导。对待这种领导，态度一定要积极，要善于活跃气氛。

✅ "张总，这个方案需要您过目。虽然我们部门觉得可以，但是还要您把关才行，不然我们心里真没底。"

第四种，协调派领导。对待这种领导，我们要能够做到先人后己，并且能够善于担任辅助角色。

✅ "张总，我已经把方案发给主要负责人了，并且通知了他们下午开方案讨论会。"

不同的领导有着各自独特的沟通风格和偏好，这不仅体现在工作交流中，甚至在私下交流的方式上也有所体现。了解并适应领导的沟通方式对于建立良好的工作关系至关重要。

3 把领导当成可调用的资源

下属主动向领导汇报工作，首先是为了传递"我们在推进工作"的信息，让领导觉得心中有底。其次是为了让领导知道公司事务的进展情况，同时让领导知晓有什么困难，并请求可利用的资源。

尤其是当我们遇到困难，自己无法解决，但只要领导出面，事情就能够解决的时候，一定要委婉地表达自己的需求。

✅ "赵总，我邀请张总吃饭面谈，但张总一直推托没时间。是不是我的方法不对？我本想去张总的公司拜访，但是又觉得这样做不太稳妥，所以只能向您求助了。"

我们要表达自己做了哪些努力，但是始终没有达到目的，并向领导说明我们用过哪些方法，以便领导给出具体的指导。

4 如何请求老板升职加薪

在提出升职加薪之前，要看自己的理由是否充分，希望升职加薪的理由不需要多，总结出 2 ~ 3 条即可。

首先，要从公司大局出发，同时要表达自己积极进取的态度，并表明自己愿意承担更多的责任，希望与公司共同发展。

> ☑️ "张总，我来公司 3 年了，希望能在待遇上有所提升。我看好公司的发展，希望能够多为公司做点事情，并且我也愿意承担更多的责任。我希望自己站位高一点儿，能给公司创造更大的价值。"

其次，我们要看到自己工作的不足和成绩，当然要多说些自己在之前工作中需要提升的地方。同时，向领导阐述自己及部门工作发展的建议和规划。

> ☑️ "张总，我知道自己还有需要提升的地方，比如管理经验尚浅，但我会努力向您学习。同时，我建议部门分工更明确一些，以提升每个人的目标感，从而提升团队的凝聚力。"

5 如何请求老板增加预算

要想请求老板增加预算，首先要避开的错误就是用自己的价值观说服别人，这样是达不到说服老板的目的的。

❌ "我的部门营收最好，老板应该考虑多给一点资源。"

在提出增加预算的请求之前，你需要收集相关的数据和信息，以证明为什么需要额外的资金。这可能包括市场趋势分析、竞争对手的活动、预期的回报等。然后，要和老板清楚地说明增加预算的目的以及预期的成果。这将帮助老板理解额外资金的价值。

✅ "老板，能不能将预算提高到 1000 万元？按照 1000 万元的营销成本预算来看，我们的营业额至少能翻三倍。"

领导："你依据什么来做的营业额的预判？"

✅ "我分析了近 3 年来公司营销预算与营业额的数据，并且写了一份详细的分析报告，请您过目。"

领导："你的报告写得很充分，预算可以按照你说的增加。"

6 如何请求领导增加人手

接近年末，大家手头上都有许多工作在同时进行，满负荷运转着。这时候如果领导增加新的任务给团队，要是直接回复一句

"好的"，团队可能要每日加班。无法推掉自己应付不来的工作，就需要请求增派人手，此时语气和态度很重要，千万不能因为任务增加而发飙或者使用不礼貌的语气。

　　面对这种情况，我们可以说明现有的工作量，用事实证明你真的忙不过来，让领导帮忙协调减负或者增派人手，来为自己争取合适的工作强度。

> ☑ "经理，是这样，我现在手头上的活已经有点儿忙不过来了。目前，我要负责的应收货款需要赶在年前结项，旧的产品线近期正在谈合作。我想征求一下您的意见，确认一下这几项工作的优先级，或者是否能让团队其他人员协助？"

第二节

团队沟通中，这些大忌要避免

职场竞争激烈，人多嘴杂的环境往往容易引发冲突。在公司内部，不同部门之间仿佛存在着一堵无形的"墙"，使得人们难以真正理解彼此的想法和立场。正所谓"人心隔肚皮"，人与人之间难以完全洞悉对方的内心。而在现代职场中，这堵"墙"更是加剧了这种隔阂，使得跨部门的沟通和协作变得更加困难。

不仅人与人之间有差别，不同的部门也有着不同的工作方法、技术门槛和思维模式。每个部门都会由不同的负责人进行管理，而他们的想法不同，思维模式不一样，做事情的方式、方法也不同。因此，要求不同部门的员工彼此理解、站在对方的角度思考问题是很难的一件事。而且，不同部门所重视的、侧重的事情也有所不同。

人与人之间会由于性格、习惯、性别、经验等不同，导致协作、沟通出现障碍，而部门与部门之间，协作困难的常见原因是职责不分明。对于分工明确的工作，双方都清楚自己该管的事情是什么，可是遇到一些分工不清的工作，大家就会习惯性地推卸自己的责任，甚至都以为是对方的工作范围，结果导致大家都没有主动去推动这件事情。

部门之间尚有诸多讲究，何况是人和人？因此，有一些错误的沟通方式一定要避免。

1 避免在沟通中直接否定对方的想法

在与团队成员进行沟通时，一定要避免直接否定对方的想法，因为这样很容易打消对方的积极性。那么，如果对方的想法不到位或者对方的想法不成熟，要如何告知对方呢？

首先，要先提出自己的疑问，可以用反问句。

> ☑ "这个设计做得很精细，但这个位置的设计好像有些复杂，会不会导致成本过高？"

其次，在提出疑问之后，如果对方给出了适当的回答，我们就可以打消顾虑，如果对方的说辞很牵强，可能他自己都会感到自己的想法不够完善。

最后，我们可以委婉地提醒对方，让对方认识到这种想法不合适。

> ☑️ "我觉得你的想法也不是不行，只是你想想，如果你是老板，你会同意前期花费这么多营销费吗？"

2 聚焦共同目标，迅速达成共识

团队合作需要聚焦共同目标，迅速达成共识，以便开展工作。觉得对方的想法不切实际的时候，不能露出鄙视的表情和表现出冷漠的态度，而是追问对方的真实要求，从而与对方达成共识。

例如，当运营部门提出需要改动或添加某个功能，而这个需求对你来说似乎不合理且难以实现时，你可以尝试深入了解他们背后的真正意图。你可以询问：

> ☑️ "我想更深入地了解这个需求背后的真正问题，或者你们最终希望实现的结果是什么。"

如果对方要求一定要在某个时间点完成，你也可以问问对方：

> ☑️ "这个时间点背后有什么特别的考虑或原因吗？"

3 意见不同时如何保持关系融洽

要想使团队关系融洽，前提是相互尊重。再者，要在平时的交往和交流上下功夫。即便与对方在观点上产生分歧，也要做到对事不对人。

✅ "这项工作，你做的方案很到位，只是我觉得这个方案还有很多可以优化的地方。比如参加活动人数这项，我觉得可以再邀请一些客户，这样不仅能使这次活动更有意义，还能带动客户增加订单。"

我们表达不同意见时，一定要说出为什么要这么做，这样能让对方意识到我们只是在针对这项工作，而不是在针对这个人。

除此之外，在平时的交流中，一定要把握分寸，不要认为关系已经很熟了，就可以肆无忌惮地想说什么就说什么，更不要随意拿别人的私事开玩笑或随意宣扬。

在沟通时，一定要善于接纳别人的观点，只要对团队目标的达成有帮助，具体采用哪种方法是次要的。因此，我们不要为了工作上的细节和同事发生争执。

4 如何有序且高效地组织团队会议

如果你需要主导一场跨部门合作的会议，就不能像内部会议一样随意，而要快速聚焦共同目标，迅速达成共识。若存在潜在的冲突风险，你可以在一开始宣布时便制定一些基本规则，从时间、内容、讨论方向、关联部门等方面进行界定。

> ☑ "大家好，作为此次会议的召集人，我再次感谢大家百忙之中能抽出时间参加今天的会议。我们今天聚在这里，主要聊两件事，一是×××，二是×××。"

明确会议主题，能让大家快速进入状态。

> ☑ "我知道大家的时间非常宝贵，所以我们只有1个小时的会议时间。请大家轮流发言，多听听不同部门的意见。单人发言时间控制在3分钟以内。其他人发言时，最好不要插话，轮到自己发言时再说。"
>
> "感谢大家的支持。这个任务的牵头部门是营销部，就先请营销部的小伙伴开个头。"

会前宣示目标、划定规则，并且这些规则的设定都是为了大家好，这样的发言更能得到大家的接受与认可。

第三节
轻松拿下客户，从有效沟通开始

与客户交流并不仅仅局限于销售行业。除了内勤岗位可能较少直接接触外部人员，大多数岗位都涉及与客户沟通。当对方成为我们的潜在客户时，我们的目标自然是成功吸引他们，这意味着我们的对话需要具有明确的目的性。

有些人可能认为，与客户沟通是件容易的事。但实际上，很多人在这方面做得并不尽如人意。他们可能无法触及问题的核心，或者在不恰当的时候过度恭维客户，结果适得其反。赢得客户的信任的关键藏在很多细节里。

1 和大客户进行有效沟通，获取真实信息

信息都是可以通过对话了解到的，但不是每次和客户交流前

都有机会做事前调查，遇到突然到访的客户时，通过短时间的观察只能知道有限的信息。想了解客户的需求，有时得从客户嘴里套出话来，比如把想知道的信息故意说错。

人都有好为人师、纠正别人的习惯。当你想要知道对方的一些信息，或者想套话时，就故意把想知道的事情说错，对方往往会顺其自然地纠正你的错误说法，从而说出你想知道的信息。比如这天门店来了一位顾客，目测年龄大约 30 岁，但是穿着打扮稍显年轻，这时候你又想推荐适合该顾客年龄层的产品，又不好意思直接问，那么就可以说：

> ☑️ "我看您应该才 20 岁出头吧，可以看一下这边新出的系列。"

不过，我们也不能为了套话而把话说得太离谱，这样会让对方觉得你不真诚。

例如对方的面相已经初老了，身边还牵着一个小孩，你却说：

> ❌ "您喜欢哪个款式？我看看有没有比较适合您的年龄的。您应该才 18 岁出头吧？"

2 专业是攻克客户的关键

每个人都有自己擅长的一面，在谈业务的时候，我们完全可以向客户展示我们的优势。适当地展示自己的专业能力可以提升我们在客户心目中的形象，让客户更加认可我们的专业度。

假设你拥有丰富的历史知识。在谈论某个地点时，就可以巧妙地引入与该地点相关的名人或历史故事，丰富对话内容。例如，如果我们提到一个城市，可以提及它是某位著名人物的出生地，或者曾经在此发生过的重要历史事件。这样的信息往往能够引起客户的兴趣，使他们对话题产生更深的共鸣。

同样地，我们也可以从自己公司的品牌文化出发，将其与广泛的历史文化背景相联系。讲述品牌背后的故事，以及它如何与更大的文化脉络相联结，能够增强品牌的吸引力，并在客户心中留下深刻的印象，激发客户的好奇心和探索欲。

3 真诚是赢得客户的王牌

人总是以心换心的，你对客户真诚，客户才会对你真诚。真诚是沟通能取得成功的必要条件，说话体现一个人的品质，你具有良好的态度，客人才会接受你、了解你，从而进一步认可你。

在商场上，每一个人开展沟通交流都是为了做生意，这个事实大家都清楚。可是在沟通时，如果你投入了你的真诚，像对待朋友一样对待你的客户，大家就会有意无意地忽略"你最终是为了赚我的钱"这件事。做任意一笔生意或发展任何一个客户，坦诚相待是关键。客户为什么会与我们合作？为什么要接受我们的产品和服务？其实这里不外乎两个原因：一是客户对我们完全信任；二是客户能从与我们的合作当中获得利益和好处，这也是合作的目的所在。当然，真诚不代表完全的直白、直接。

❌ "这个价格就是我们能给的最低价了，你想低也没法再低了。"

✅ "我明白我给出的价格相对于同类产品来说没有很大的优势。然而，您所投资的并不仅仅是一个简单的产品。实际上，您将获得的是一种长期的、高品质的服务体验。这种服务涵盖了产品的整个使用周期，确保您在使用的每一个阶段都能得到让人满意的支持和帮助。"

既要真诚地表达出对客户的理解，也要引导对方感受你的真诚表达，而非关注产品的弱点。

4 如何建立长期稳定的客户关系

要与客户保持长期稳定的关系，就需要我们与客户及时沟通，即便是没有业务交流需求的时候，我们也应该与客户保持联系。

如果能和客户成为朋友，那合作关系才更加稳定。

在节假日可以适当地进行问候，这种问候需要是发自内心的。

✅ "张总，五一假期快乐！听说您去海边度假了，一定要做好防晒。"

可以时常主动沟通产品的使用情况，这也是一个拉近关系的机会。

✅ "张总，不论您对我们的产品有什么建议或意见，都欢迎您提出来，我们会继续改进。"

当然，如果和客户足够熟悉，在了解了客户的爱好之后，可以在沟通时投其所好。

✅ "张总，我最近去了一家健身俱乐部，那里的教练很专业，环境也很好。您需要的话，我把位置发给您，离您公司很近，您有时间可以去看看。"

5 如何面对经验更丰富、能力更强的客户

谈生意，谈生意，生意都是谈出来的。在面对能力很强的客

户时，我们要多用利他性的话术去表达，引导对方按照你的想法去走。

什么是利他性的话术呢？利他不代表讨好。讨好是委屈自己去满足别人，而利他是站在对方的角度去思考、帮对方解决问题，最终达成自己的目的。把你表达的角度放在对方身上，客户会更听得进去你的话。

❌ "我们的价格真的不贵。"

✅ "这是很正常的，所有的客户在了解我们的产品之前都会嫌贵。它到底比别家产品贵在哪里呢？您听我介绍一下。"

✅ "我们的价格确实是更高一点，但很多顾客都一再回头选择我们，不是因为他们钱多，而是他们在低价和品质之间做出了选择。"

真诚地回答客户的疑问，不回避，同时主动去引导对方更深入地了解产品，创造机会扭转对方的印象。

 "这是我们的产品资料，您了解一下。"

☑ "我给您的资料，可以让您在选择这类产品的时候少走很多弯路。"

买卖也讲求缘分，你把对方当朋友，即使不在这里买也希望对方挑到好东西，对方怎么会不喜欢你的这种态度呢？

☒ "我觉得我们的服务很适合你。"

☑ "您的情况，真的很需要我们的服务。"

前者是我们需要你，后者表达的是你需要我们的服务和帮助。

6 如何传递公司价值优势

作为一个追求卓越的商业人士，与客户的每一次谈判和交流都不应仅仅局限于完成一次销售任务。更重要的是，我们需要通过这些互动机会，有效地传达出我们公司的优势和特点。这样，我们不仅能够在客户心中留下深刻的印象，还能够为双方建立长期的合作关系打下坚实的基础。因此，你可以在沟通中采取以下策略。

一是通过讲解品牌故事和宣传公司价值观，来增加客户心中对你的认可度。

☑ "我们这个品牌虽然刚孵化不久，却是总公司为开拓新的海外渠道而设立的核心项目。我们总公司作为百年老字号品牌，创始人在开店之初有着一段传奇的经历……"

通过讲述企业的品牌故事和核心价值观，向客户传达企业的使命、愿景和独特之处，由此体现你的产品服务的理念。

二是强调差异化竞争优势，向客户强调企业在市场上的差异化竞争优势，以此突出品牌实力。优势可以是产品或服务的特点，也可以是技术创新、品质保证等。

☑ "李总是我们公司的老客户了，经过这3个季度的合作，您也看得到我们对比市场上同类型品牌的优势所在。在国民认知度上，我们排在第一梯队……"

在营销话术和宣传材料中重点强调自身对比同类的差异优势，让客户清楚地了解企业的特点。

三是通过分享其他客户的成功案例来证明企业的优势。

☑ "张小姐，下午好啊！看您点赞、评论了我今天发的那条朋友圈，那个客户也选择了和您一样的套餐，效果和我发出来的一样，反馈非常好哦。"

　　案例或证明可以是客户的满意度调查结果、合作伙伴的推荐语、获得的奖项等。它们是客观的证据，能够增加受众对企业的信任和认可。

第三章

管理话术

第一节

提升领导力，高效管理团队

　　作为一个管理者，我们时常会遇到团队管理方面的挑战，比如缺乏凝聚力、成员之间沟通不畅，以及任务执行力不足等问题。这些问题可能会让我们感到困惑和沮丧，特别是当我们看到其他部门的团队在同样的领导下却能高效协作、迅速执行时。

　　实际上，这些问题的根源往往在于领导力。领导力不足会导致团队缺乏方向感和动力，成员们就像一盘散沙，难以形成有效的合力。我们都明白领导力的重要性，但什么是领导力？以及如何提升自己的领导力呢？

　　简单来说，领导力就是领导者在组织内部发挥自身所具备的素养、能力和统率力，依靠其强大的影响力，将其想法传达、渗透到下属或团队人员的头脑中，并且使他们按照自己的意志行动的能力。作为领导者，我们的工作就是发挥领导力，职责是通过发挥领导力，达成组织的目标。因此，提高自身领导力，是我们成为管理者的第一要务。

当然，领导力不仅仅是一个抽象的概念，它体现在每个管理环节的话术上。

1 如何给下属布置任务

给下属布置任务，绝对是一门艺术。下属在得知任务时，最常见的反应有两种。第一种反应是强烈的抵触情绪：为什么要我去做？我手里的工作已经很多了！第二种反应是傻眼状态：这工作我不会，这要怎么下手？高明的领导会用以下这些话术来布置任务，下属不但不反感，甚至还会感谢领导！

在向下属分配工作任务时，采用一种更为灵活和有参与性的方法通常能够取得更好的效果。与其简单地给出指令，不如提供一个选择的范围，引导下属选择你想要他选择的工作。

举个例子，你想让正在做 PPT 的小王开车外出办点儿事情，但如果直接命令小王，他肯定会产生逆反心理。

 "小王，赶快开车陪我出去一趟，回来再做 PPT。"

直接命令会让小王感到很不开心，他会觉得：为什么让我开车外出？我手里还有活，我又不是司机，如果回来晚了，我还要加班做PPT。

但是你换一个方法，把"单选题"变成"多选题"，小王就会愉快地接受。

✅ "小王，你是想先开车陪我出去办点儿事，还是想先做完PPT？ PPT可以晚一天给我。"

其实，你心里想的就是让他开车，这样就让下属变被动为主动。下属会感到被尊重，就愉快地把活干了。

2 如何在沟通中了解下属的想法

很多管理者之所以管理效率低是因为他们从不注重员工的想法，总是搞一言堂，认为自己是团队的老大，下属的能力不如自己，根本没必要听下属的想法，下属只要执行自己的命令就可以了。当一个管理者只会发号施令，从不关心下属的想法时，整个团队表现出来的状态就是"你说你的，我干我的""你让我做1，我绝不做2"。

其实人与人之间的关系并没有我们想象的那么复杂，掌握与下属沟通的技巧，就能了解下属的真实想法，千万不要老是一副高高在上的样子，对他们很严厉、很苛刻。

❌ "我不管你们用什么方法，明天必须完成工作任务。我不听理由，我只看结果。"

如果我们这样对下属发号施令，他们肯定心生不满，带着情绪去工作。

既然是沟通，就要给下属足够的话语权。比如，在分配任务之前，可以先让下属说一下自己的想法，而不是直接按照自己的想法分配工作。同时，要把自己置身于团队中，而不是给下属一种"自己干活，领导捞功"的感觉。毕竟我们是一个团体，共同的目的是高效完成工作目标。

☑ "大家可以说一下自己手头的工作和想法，先自己领取一下任务，有难处、需要我辅助解决的，也可以提出来或者随时找我，我们的共同目标是在明天结束这项任务。"

这样的表述既能让我们了解每个下属现有的工作量，也能让下属选择自己擅长的工作内容或环节。同时，也表明了自己作为管理者想要参与其中的态度，让下属明白他是有领导支持的，而不是孤军奋战。

紧接着，我们要做的就是成为一个合格的倾听者。下属说话的时候，我们要仔细地听，如果下属认为自己"任务多""难度大"，我们询问对方情况时，可以实行"五问法"——谁？什么时候？什么地方？为什么？如何？也就是说，我们通过足够细致的询问来了解具体问题，从而为下属提供具体的、有效的支持方案。这样一来，我们就能及时帮下属化解内心的担忧，从而使他们愿意接受充满挑战的工作任务。

3 如何统一团队的价值观

员工参加工作，首先是为了实现个人价值，其次是为了实现团队价值。如果员工只看重个人价值，不看重团队价值，那团队凝聚力会变差，但这并不意味着个人价值与团队价值是冲突的。一名优秀的领导者，总是能将员工的个人价值与团队价值进行统一，让员工不愿因为自身原因而导致团队目标无法实现。

✅ "这个月的销售额如果提升10%，除了绩效奖励，每个人奖励一天额外的带薪休假。"

这种奖励制的话术是统一团队价值观的常见方法，因为员工看到更多切实的利益，才会更有动力。

再者，岗位不同、工作内容不同，都会导致员工的目标出现分歧，但是无论什么目标，都要服从团队的目标，也就是遵循统一的团队价值观。一旦有员工的个人工作目标偏离了团队目标，就会使团队工作效率大大降低。因此，很多管理者首先想到的是团队要有统一的口号，认为这样做，员工就能牢记团队价值观。其实，统一价值观不能仅是喊口号，更要在沟通工作内容后，形成行为表格或清单。

> ☑ "我们团队的价值观是服务客户，为了实现这个目标，大家可以以自己的主要工作为基础，制定一个回访客户的计划表。"

这就是将看似虚无的口号变成实际的工作内容，这样的沟通才能实现让工作落到实处。

4 如何给下级放权，培养员工的积极性

领导给下级授权、放权，就能形成"金字塔"样式的管理形态，这需要提前制定相应的标准，结合岗位需要、员工能力进行授权、放权。对于普通的工作，要允许员工自行决断；对于重要的工作，应要求协商决断；对于极其重要的工作，应要求汇报决断。可见，领导者可以通过放权来培养员工的积极性。

当然，放权也要有技巧，不要"放权不放心"，也不要"嘴上

放权"。

❌ "这项工作你来负责，但是每天要和我汇报进度，涉及资金的，你要跟我打招呼。"

✅ "这项工作你来负责，遇到解决不了的问题我会配合你，整个流程我不深度参与，但要给我汇报结果。"

除了不要"嘴上放权"，更不能武断放权，避免工作出现大的纰漏。要根据岗位内容、员工资历等方面的因素，正确放权。

❌ "和客户对接的事情，你全权负责。"

✅ "冯老师是公司的元老，你可以和他一起对接客户，之前你没接触过这些工作内容，正好可以向冯老师学习学习，这对你的职业生涯也是有帮助的。"

放权是一门艺术，作为领导，既不能事事都亲力亲为，也不能做"甩手掌柜"。既要给下属权利，也要做好把关，把握大的方向，这才是放权的意义。

5 如何统筹全局、确立方向

高明的管理者就像钢琴家，既要掌握"抓中心"的艺术，又要有卓越的协调能力，善于统筹全局，从而使权力的各个要素之间相互配合和促进，同时，还要能给整首曲子"定调"。管理者不可能独立地完成所有工作，因此必须做好"领头羊"的工作。

领导者事无巨细可能会导致下属变得依赖和懒惰。因此，作为一个有效的管理者，关键在于能够把握全局，同时找到方法激发下属的积极性和主动性，使他们愿意并且努力完善工作中的每一个细节。

> ❌ "小刘，你看 PPT 上怎么有错别字？"
>
> ❌ "小赵，我都说了多少遍了，给客户发了方案，要打电话提醒客户查收，并且将大概的内容跟客户讲一下。"

其实，上述这些细小的工作是下属应该考虑的，而不是管理者要操心的。当然，并不是这些工作不重要，而是管理者带下属，就像是父母带孩子一样，要让他们拥有自主意识，管理者只要确保大方向没有错、团队高效运转就可以了。当然，如果下属在细节上频频出错，我们也不能视而不见。其实，我们可以通过"敲警钟"的方式，让下属意识到问题所在。

☑️ "小刘，提交的 PPT 需要一字不错。"

☑️ "小赵，要确保客户在开会前收到方案，并了解方案大概内容。"

作为一个管理者，确保团队整体方向正确无误是其至关重要的职责。在确保大方向正确的基础上，统筹全局并激发每位下属的积极性，是管理者的首要任务。

☑️ "我们要拿下这个项目，关键就在这次和客户的方案沟通会。PPT、具体方案，是关键中的关键。小刘、小赵，这次就看你们的了，我相信你们能拿下这个项目。"

下属除了看重收入，也看重领导的信任和鼓励，这是激起他们对工作负责的动力之一。因此，管理者要当小事上的"甩手掌柜"，当团队中的"领头羊"。

第二节

打破沟通障碍，高效地向下传达

当我们开始管理团队，需要向下管理的时候，管理者与团队的沟通状态将会影响工作成效和团队的人际关系。一旦你的身份从普通员工转变成管理者，你和团队之间便有了从属关系，两者之间的沟通便会出现障碍，你会觉得下属"不听话了"，指令也下达不到位，或者一线的情况自己不能再了如指掌了。

当公司架构层级多的时候，作为中层管理者要承上启下，向下传达公司精神指引方向，向上管理领导对你们能够取得多少成果的心理预期，还要通过管理和沟通去满足手下员工的价值实现。从心理学上来说，没有人愿意被管理，但愿意接受影响和指引。

管理的目的是什么？最直接的一个目的是充分发挥团队成员的能力、团队的价值，让团队更上一层楼。想管理好下属，你就需要在管理过程中说对的话、说到位的话、说对方能听进去的话。

1 传递公司的战略目标和老板的意图

跟下属说话也要说到位，有时候我们下达指令过于"意识流"，以为自己说到位了，其实很多话只是在自己的脑子里过了一遍。大多数员工不会读心术，双方也还没到心有灵犀的地步，很多事情不说清楚，而是要员工去猜，这自然会让信息出现偏差。

> ❌ "这个任务交给你了，要尽快完成，老板很重视的。"
>
> ✅ "这个工作交给你，老板要求这个月15号之前落实，我们要预留时间给后台进行调试、修改，所以你在7到9号之间就要把方案发给我。"

明确指出具体工作的时间节点和目标进度，包括截止时间还有过程中的审核节点。拒绝模棱两可的指令。

> ❌ "我觉得这个设计可以再改改，你再做两个方案。"
>
> ✅ "这个设计在整体排版上没什么问题，但是设计的风格应该更有科技感，贴合互联网大会的主题，你先做两个模板，我给甲方赵总确认后再开始排版。"

将感受模糊的需求变成可视的、有参考的、有方向的要求，并且尽量避免不断变更目的和要求。

尽量一次只沟通一个项目或任务，否则容易让下属分不清工作的重点和主次。

2 给予信任，充分理解下属的成长诉求

对于很多员工，特别是那些刚刚步入职场、渴望成长但又感到迷茫的年轻人来说，他们的上级在某种程度上扮演着职场导师的角色，负责传授知识、解答疑惑并引导他们成长。因此，作为管理者，我们应该敏锐地察觉到这些底层员工的成长需求，并及时给予他们必要的鼓励和支持，帮助他们克服困惑，实现个人成长和职业发展。

> "你刚做人力资源，对于招聘，还有很多要注意的细节，为了快速招到合适的人，你要学会看人、分析人。下周我会陪着你去面试应聘者，教你怎么看人。"

对底层员工的茫然不要视而不见，同时对有能力的员工要给予一定的信任。

> "看你之前的工作经历，处理过很多次类似的项目。

那么，我们接下来的这个项目就由你全权负责，有需要我协助的，随时来找我。"

3 下级工作出错时可以这样说

沟通管理的艺术在于不仅要有效地传达信息，还要确保信息能够被对方接受和理解。相对于凶巴巴的上级领导，员工显然更接受好好说话的领导。哪怕是员工出错后的责备，也是理性的发言才能更让人信服。那当下属初次犯错的时候，怎么客观、理性地让员工意识到他造成的负面影响？

☑"今天会上我还有一件事情没有说，思虑再三决定私下跟你聊聊。上周四，Y品牌的对接进入关键期，可是客户一整天都联系不上你，信息和电话都没有回复，导致客户对我们的办事效率很不满。这不仅影响了公司的声誉，也影响到了你今年的绩效考评。"

"下次如果再出现临时有事的情况，提前跟组长沟通或者交代同事协助，不要影响工作进程，你觉得呢？"

（既要表达清楚事情的严重性，也要引导员工自我修正、自我检讨。）

向下管理不仅能用于职场之中，管理孩子的生活时也可以用上。当时间已经到了晚上7点半，可是自己家的孩子一直在各种拖拖拉拉，还剩一份作业没写完，你除了呵斥他，还可以说：

✅ "你今早说过好久没有出去散散步了，那你今天晚上想不想下楼逛一下？不过我们9点钟就要回来洗漱睡觉了，如果你想出去散步，那今天的作业你打算怎么办呢？如果你能在8点前完成的话，我们就下楼去。"

（提出一件对方渴望的事情，把它变成对方工作的动力。然后分析完成这项工作的重要性，设定时间节点，让进度可视化。）

如果是在职场上提醒自己的员工，则可以这样说：

✅ "这个季度的绩效奖金与我们的项目成果紧密相连。此外，一旦项目顺利结束，我计划向人事部门申请一次团队外出学习的机会，这将是我们共同成长的宝贵经历。目前，我们距离项目截止日期仅剩一周时间。如果我们无法按时完成，不仅会影响到本项目的结算，还可能延误下一个项目的启动，最终导致两件事情都处理不当。既然我们都致力于将事情做好，那么我们必须确保分工明确，每个人都清楚自己的职责所在。请问大家对此有何看法或建议？"

4 下属质疑时可以这样说

俗语说"初生牛犊不怕虎"，下属也有表现得特别"虎"的时候，比如在公开场合中向正在台上的你提出疑问。此时，你的反应同样重要，如果你对下属的行为当场训斥，旁人不仅会责怪同事不识时务，还会觉得你这个领导不近人情、不听"民意"。所以你首先要做的是，稳住自己的情绪，然后在可控的时间和话题里回应下属，营造民主讨论的活跃氛围。

 "你的这个观点有相关的数据依据吗？"

先别急着否定下属或情绪激动，确认对方的疑问是否空穴来风。

 "这样，你提出的情况我会考虑，但是要在 2 天之内给我一份说明报告，你能做到吗？"

这样既维护了自己的威信，又不会让其他员工觉得自己专制一言堂。既给了主动思考的员工证明自己的机会，同时也约束了他的试错成本。

第三节

团队中的矛盾冲突，可以巧妙化解和提前预防

无论是在工作中，还是在生活中，人与人之间难免会出现矛盾或冲突。掌握化解矛盾的方法和技巧，往往被看作是情商高的表现。

高情商的领导者总是能用幽默的方式来化解矛盾。这种幽默、风趣的方法不仅能够瞬间化解尴尬和冲突，还能在缓和关系的同时，让对方心服口服，接受自己的安排。

1 员工提出不满，如何幽默地化解

在团队协作的过程中，难免会遇到个别成员心怀不满，对公司及同事发表负面言论的情况。面对这种情况，许多管理者可能会选择采取严厉制止、批评甚至惩罚的方式应对。然而，这种做

法往往只能让员工暂时压抑自己的情绪，却无法从根本上解决问题，反而可能为未来更严重的冲突埋下伏笔。

有些基层员工可能会聚在一起讲公司的坏话，抱怨老板的行为。但是管理者绝不能和下属一起吐槽。一名合格的领导者，应该引导谈论的方向，将吐槽变为有益的探讨。如果我们还没有做到这一点，最起码要能用幽默的方式，委婉地化解员工的不满和负面情绪，让员工明白吐槽并不能解决任何问题。

> 员工："我们公司除了工资，其他福利都没有，我朋友的公司有交通补助、餐补、租房补贴，总之有各种福利。"
>
> ❌领导："你别不知足，我们公司工资标准高，同行业的公司哪儿有我们公司工资高呀？"

显然这种话是站在领导和公司的角度说的。有时候员工仅仅是抱怨几句，如果领导太过认真，反而会显得很尴尬。因此，不妨用幽默的形式化解。

> 员工："我们公司除了工资，其他福利都没有，我朋友的公司有交通补助、餐补、租房补贴，总之有各种福利。"
>
> 领导："看来我们的福利还不够'丰满'啊！不过别

担心，我们正在努力让它们'茁壮成长'，争取早日让大家感受到满满的幸福！"

当然，用幽默的方式，并不是一定要达到搞笑的效果，主要是为了缓解尴尬的气氛和化解员工的不满。

2　如何让老员工带新员工

并不是所有的老员工都愿意带新员工，如果强行指派老员工带，很可能会引发矛盾。那么，怎样才能让老员工心甘情愿地带新员工呢？管理者要发展团队，势必要想办法提升整个团队的战斗力，而激励老员工带新员工是非常有效的方法。

首先，管理者不要以命令的口吻，将带新员工这件事当作任务分配给老员工，而是要让老员工感受到自己有能力、有本事、有价值。这样，老员工不仅会感到荣幸和心情愉悦，还会在精神上得到满足。

❎ "老张，你是老员工，这个月的主要任务是教会新来的小赵怎么样和客户沟通。带新人也是你的工作内容之一，也会计入考核。"

✓ "老张，你是咱们团队的销售冠军，也是我们客户最认可的销售。有时间的话，你也给新人传授传授诀窍，你的徒弟做得好，公司不但能看到你的销售能力，还能看到你的管理能力，这对你以后的职业发展是有帮助的。"

其次，给老员工适当的物质奖励，比如将新员工的劳动成果的一部分报酬给到老员工。这个方法是企业惯用的，但是管理者在表述上要注意，相对于这点物质奖励，老员工更注重的是来自新员工的尊重和管理者的肯定。

✓ "新员工的业绩不仅会为你带来一定的提成，更重要的是，你培养新员工的行为将成为团队学习的榜样。"

老员工带新员工，无论是对团队，还是对企业，都是有益处的。

3 团队中有人告状如何处理

作为团队的领导者，处理员工之间的矛盾也是工作内容之一。团队中有爱打"小报告"的员工，也实属正常。如果有员工向我们抱怨、告状，我们要如何回应或者处理呢？

不要因为别人的言语而影响自己的判断，领导者要有独立判断的能力。那么，究竟要如何应对员工的告状呢？

第一步，不直接批评"被告"。而是先从"原告"那里了解事情的起因和经过。第二步，找"被告"了解事情的起因和经过，然后做出自己的判断。第三步，将双方叫到一起，共同探讨处理方法。

在整个过程中，管理者要多用问句了解情况，避免用肯定句或否定句来盲目下定义。

> 员工："小赵抢了我的客户，李女士本来是我开发的客户。"
>
> ❌ 领导："小赵怎么能这样做？把他叫来，我一定要好好说说他。"

只听一面之词就下结论，这是管理者的大忌。

> 员工："小赵抢了我的客户，李女士本来是我开发的客户。"
>
> ✅ 领导："李女士第一次联系你是什么时候？小赵是怎么抢你客户的？如果他真的抢了你的客户，我肯定不会视而不见，但是我要了解整件事情的经过。"

当然，在了解了真实情况之后，领导要拿出行动，对错误方进行必要的批评或惩罚，这也是彰显公平管理的关键步骤。

4 如何避免因任务分配不公引发的矛盾

许多领导倾向于依赖"全能型员工"，将多数任务都交给他们处理。但这种做法会引发其他员工的不满情绪，认为没有得到公平对待。这种情绪积累日久，就会爆发难以调和的矛盾。为了预防这种矛盾的发生，管理者应该做到公平对待每一位员工，实现工作的均衡分配。这要求管理者深入了解每位员工的专长和兴趣，以便根据他们的特点分配合适的工作，从而提高团队的整体效率和员工的满意度。

首先，可以通过员工简介或以往的工作经历来判断他有什么特长。

> ✅ "我看你的简历上写着你以前做过类似的项目，那么你对公司开展的新项目一定不陌生，不妨由你来负责这个项目吧。"

通过委派任务并观察员工的表现，我们可以有效地评估他们的专业能力和特长。如果员工能够出色地完成任务，那么这无疑证明了他们在相关领域的实力；相反，如果员工在工作中出现了重大失误，这也同样揭示了他们在某些方面的能力不足。

其次，可以通过与员工的日常交流，了解员工的特长。

☑️ 领导："晓晓，这份客户调查请抓紧时间做一下。因为特别急，你最好找个人帮你一起做。"

晓晓："领导，小余很擅长做客户调查，我找他帮忙一起做吧。"

发掘每位团队成员的独特才能，并为他们分配合适的工作，是实现工作效率最大化的关键。

第四节

如何组建和带领团队

团队伙伴之间能够长久合作、共事的重要基础是彼此相互信任和尊重。因此，我们在选择团队伙伴时，首先可以从自己的熟人圈子里挑选，比如朋友、同学等。因为双方彼此熟悉、相互了解，更容易建立信任关系。然而，并不是所有人都能找到熟悉的人做团队伙伴。

当我们希望通过招聘找到合适的团队伙伴时，必须进行全面而深入的考量。例如，通过询问应聘者的工作经历和职业规划，我们可以更好地了解他们的目标是否与公司的愿景相契合。同时，掌握有效的面试技巧也至关重要，这不仅有助于营造一个轻松舒适的面试氛围，还能激发应聘者对公司的兴趣和信任。

1 面试时如何向应聘者提问

求职者面试的时候，会针对面试官做出各种应对措施，其实不仅求职者有面试技巧，面试官也有自己的面试技巧。尤其是作为团队的领导者，在挑选员工或合作伙伴时，一定要掌握招聘技巧，做到既面试出对方的水平，又彰显团队的魅力。

在面试的过程中，作为管理者，我们必然会向求职者提出各种问题。然而，无论我们提出什么问题，都必须坚守一个基本原则，那就是尊重求职者。我们不能因为自己是面试官就摆出一副高高在上的姿态，认为求职者处于劣势地位。相反，我们应该将求职者视为与自己平等的个体，避免过多地涉及他们的个人隐私。

❌ "你在这个行业已经有年头了，你的家人也有干这一行的吗？"

❌ "能说一下目前你的个人情况吗？是已婚还是未婚？"

一位优秀的管理者会通过多种方式的提问来达到考察求职者的目的，比如开放式提问、封闭式提问、连续式追问、引导式提问等。

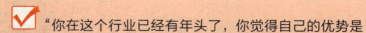 "你在这个行业已经有年头了，你觉得自己的优势是

"未来 3 年，你的个人职业规划是怎样的？"

提出问题的目的是筛选员工，所以问题要有目标性，但是前提是对面试者保持尊重。

2 面试招人时如何向应聘者介绍公司

当我们成功选拔出理想的员工或合作伙伴时，最大的担忧莫过于他们还有更好的选择，最终不会留下。毕竟，求职与录用是一个双向选择的过程。在这个关键时刻，我们需要通过积极展示公司的优势和潜力，来吸引并留住这些优秀人才。

在向求职者介绍公司时，我们可能会忽略提及公司和所属团队的主要业务，认为这是求职者已经了解的信息。实际上，我们有必要明确告知求职者公司的主要业务领域。这样做不仅有助于求职者更全面地了解公司和所属团队，还能帮助他们根据自己的专业背景和职业规划，更准确地定位自己未来的工作内容和发展方向。

❌"想必你面试之前也了解过公司的主要业务，我就不多说了……"

> ☑ "你来面试之前可能也了解过我们公司的业务范围，我再详细说一下，我们公司主要是做……"

在向求职者介绍公司时，对于公司的经营状况和历史，只需进行简洁明了的概述。特别是关于公司未来的发展规划，这些内容很容易被求职者视为过于理想化的"画饼"，因此可以简要提及，避免过多展开。

除此之外，要多讲一些面试者感兴趣的内容，比如会给他提供怎样的发展平台，薪资、绩效和福利是怎样的，将来所属的团队成员是怎样的。

> ☑ "我们会为你提供一个充满活力的主播团队，计划用半年的时间将你培养成为团队中的高级主播。除了享有基本工资，你的薪酬还包括与管理层相匹配的提成。你将肩负领导整个主播团队的重任，这个团队共有5名成员。期待你的加入！"

我们要想吸引对方加入团队，就要介绍对方感兴趣的内容，这样才能让对方心甘情愿地留下来，成为团队的一员。

3 面试结束后，如何给应聘者建议和答复

面试的结果无非是"通过"和"没有通过"两个结果。关于被录用的消息，管理者很好回复，一般就是直截了当地通知应聘者。

> ✅ "恭喜你通过了面试，请于下周一来公司办理入职手续。"

难的是回复面试失败的人员，他们来面试都是带着希望来的，很多管理者不想直截了当地回复对方，会选择"欲扬先抑"的方法，先说对方的各种优势，再告知对方没有被录用。其实，这种回复方式会让面试者更加失落，而且还会增加自己在沟通上的工作量。

> ❌ "你好，王女士。面试结果出来了，是这样的，您的工作经验的确很丰富，在行业里也做出了一些成果，我们相信您的工作能力很强，也相信您是一个合格的员工。但还是感到很抱歉，您没能通过我们的面试。"

这种自认为委婉的方式不能避免应聘者受到伤害，反而会让应聘者产生更大的心理落差。那么，我们究竟要怎么给落选的面

试者回复呢？其实，我们招聘员工和面试者找工作是一样的心态，都很单纯，目的也很明确。因此，没有必要拐弯抹角地回复，但要注意语气的友好和礼貌。

> ☑ "您好，王女士。很感谢您能参加我们公司的面试，很抱歉您没能通过我们公司的面试。祝您尽早找到适合自己的工作。"

一般应聘者是不会询问落选原因的，如果面试者询问原因，我们也可以真诚地告知对方。

总而言之，对方来面试就做好了双重心理准备。要么被聘用，要么没被聘用。用尊重对方的语气，直接告知对方结果，这未尝不是一种真诚的体现。

4 如何在面试中考察团队成员

面试是评估候选人是否具备完成工作所需技能的关键环节。通过面试，可以了解候选人的专业知识、技能和经验，确保他们能够满足岗位要求。我们要如何在面试中考查对方是否合适呢？其实，最简单的方法就是"连环五问法"。

> 第一问："最近你正在提升哪方面的能力或技能？"

我们可以不关心答案本身，但如果对方没有答案，这就很能说明问题。要知道在初创公司中，"不断提升自己的能力"是一项必备素质。因为致力于持续提升自我的人，通常也更能承受风险。当然，能不断提升自己的能力，从侧面表明对方是一个具有自驱力的人。

 第二问："你的理想工作团队是怎样的？"

换句话说，就是让对方说一下自己的能力在集体中能发挥什么作用。这个问题考查的是对方的自我认知能力。对方要对自己有一个正确的认知，才能回答出这个问题。

 第三问："你在以往的工作中，是否处理过工作职责范围之外的事情？"

这主要是考查对方是否具备主动承担工作的意识。个人的工作态度直接影响团队的士气和效率。了解应聘者对工作的热情、责任心和积极性，判断他们是否能够融入团队并为共同目标努力。

 第四问："你平时是怎样安排一天的工作的？"

这主要考查对方是否有制订工作计划和规划的能力。对方如果能够做到先做紧急且重要的事情，最后做不重要、不紧急的事情，那么他的工作效率会很高。

 第五问："你是如何应对不可预测的变化的？"

在工作中，团队成员经常需要面对各种问题和挑战。要充分了解应聘者分析和解决问题的能力，判断他们是否能够灵活应对工作中的困难。

问到这里，我们已经基本能判断对方是不是"对的人"了。寻找团队伙伴不是简单地招聘一个员工，我们必须确定对方有能力和我们一起面对各种不确定性。

5 意见产生分歧时如何与团队伙伴沟通

合作中有分歧是再正常不过的事，坐下来好好沟通，把各种利弊分析好之后做决定是前提。那么，怎样的沟通算是"好好沟通"呢？

第一要务是保持开放的心态。在发生分歧时，别总认为自己是对的，尤其是在气头上时，更会觉得对方的观点一无是处。其实待到自己冷静下来的时候，仔细想想，可能对方的观点也有对的地方。因此，不要在气头上进行沟通，避免说出气话。

❌ "按照你说的做，钱都要打水漂了。难道就你想得到要这么做？我们的竞争对手就想不到吗？你真的太幼稚了。"

✅ "现在我们两个人的情绪都有些激动，先冷静冷静，稍后我会仔细考虑你的方案，然后我们再进行探讨。"

不管我们的矛盾点在哪儿，只要是因为工作产生的矛盾，沟通起来都要对事不对人。

✅ "我知道你也是希望项目能赚钱，但是这个方案的确有问题。我会说出我的疑惑，你可以给我解释，如果你的理由够充分，那我们就按照你的方案做。"

在工作中，无论是什么分歧，都要控制在这项工作中，不要扩大到整个团队或者是公司所有项目上，更不要带有个人情绪。出现分歧后，化解分歧才是我们的目的，而不是为了争个输赢，这对团队的发展是毫无益处的。

融资路演，简单粗暴却有效的融资方式

什么是融资路演？其实就是创业者通过演讲的方式来打动投资者、说服投资者，最终达到为企业融资的目的。融资路演不是一场简单的演讲，毫不夸张地说，它还是创业者的一次表演。

我们看过很多企业家的即兴演讲，一句看似无意、没有目的的话，其实是他们精心准备的结果。融资路演的目的很直接，就是拿到投资。那么，在演讲中，安排的所有内容都是为了取得投资者的信任。除此之外，创业者还要通过这次演讲，让投资者看到企业的价值。

1 如何简单直白地说明"我是谁"

融资，是很多企业发展到一定阶段需要经历的一个过程。我们想要融资成功，就要想办法说服投资方。

我们一般会制作融资企划书，通过讲解项目的方式，来吸引投资者。其实，无论通过什么方式展示企业或项目，最重要的一点是内容足够吸引人。要做到的第一步就是让投资者知道"我是谁"。

许多管理者可能会认为，向投资者介绍自己的企业和团队是一件简单的事情，只需告诉他们企业是做什么的、团队有多少人即可。然而，事实并非如此。开场的 3 分钟至关重要，一个引人入胜的开场能够激发投资者的兴趣，让他们愿意继续聆听。因此，在介绍团队或项目时，务必保持内容的简洁明了，直击要点，同时也不能省略重要信息。

❌ "借此良辰美景，我代表我们公司向各位投资人和嘉宾表示热烈的欢迎，今天我将介绍我们的融资计划……"

✅ "各位投资人，上午好！我是某某公司的董事长张立，我代表我身后的 60 位员工向大家介绍我们的融资计划和企业规划……"

开场白结束后，第一要务不是分析市场，要知道每位投资人每年要接触上百个项目，比创业者要更了解市场情况。因此，此时的介绍重点是团队。拥有一个优秀的团队，是投资者考量的重点，比如团队成员的教育背景、从业背景以及团队核心优势等。

> ☑ "我们拥有一个年轻化、高质量的团队。60位成员中，5位管理层平均年龄在32岁，均是国内双一流大学本科及以上学历。整个团队中，硕士研究生以上学历占比80%，平均年龄28岁。"

一个充满活力且高素质的团队往往能够吸引投资者的目光，并赢得他们的信任。因此，在融资路演的过程中，首先向投资者清晰地展示团队身份和优势是至关重要的第一步。

2 如何展现业务的市场潜力

一个企业只有具备了市场潜力，才会有人愿意投资。因此，展现市场潜力是重中之重，主要有以下三种方法。

第一，讲故事。

我们作为融资方，肯定有一些创业或企业发展的故事。因此，可以讲述项目的故事和背景，从而说明项目的优势和价值，引起投资者的兴趣。

✅ 我选择进入这个行业，是经过深入的市场调研和认真分析的。在创业初期，我发现许多三、四线城市的用户存在着未被满足的需求，这为我提供了宝贵的市场机会。

第二，提供证据。

为了增强投资者的信心，我们可以提供充分的证据，突出展示我们的项目在市场竞争中所具备的优势和特点，这些都是其他企业难以比拟的。

✅ 截至去年底，同类产品在市场上的占有率尚不足50%，而用户需求已达到30%。目前，行业内仅有5家头部企业，其中具备产品研发能力的企业更是仅有3家。

第三，利用图表。

我们可以利用图表展示项目的特点和优势，向投资方讲解相关的内容，使投资者更加直观地了解项目。

在融资路演的整个过程中，我们尽全力取得投资者的信任。要实现这个目标，就要用最吸引人的企业故事、最具说服力的数据和图表，激发投资者的兴趣。

3 如何给出合理的财务预测

投资方要判断一个项目公司的发展前景如何，其中很重要的部分就是看这个企业未来 3 ~ 5 年的财务预测。因为财务报表反映的是企业的经营成果和经营能力，而财务预测就是推演项目公司的发展和投资回报。

财务预测在公司运营中扮演着至关重要的角色。它不仅是公司制定财务政策、应对市场变化、消除不确定性以及确保经营成功的基础，而且也是提升公司市场抗风险能力的关键。一份合理的财务预测应当详细阐述公司如何生产产品、用户和客户如何发现并使用这些产品，以及财务预测的形成过程等关键信息。

> ☑ "我们经过系列数据信息准备、预演推算及修正，最终形成了这份财务预测。"

这句话相当于给投资方吃了一颗定心丸，让他们明白这份财务预测不是随便填写的。

在给投资方介绍财务预测时，我们必须保持实事求是的态度，避免夸大预测结果。虽然我们可以指出业务中的有利因素，但绝不能过分渲染。因为夸大预测会给投资方留下不诚实的印象，从而严重损害他们对公司的信任度。

✗ "我们预测，明年每个月、每个季度的利润率相较于今年，至少会翻三倍。"

✓ "根据我们的财务预测，明年主营产品的销售额有望实现翻倍增长，这主要是基于公司过去 3 年的发展趋势进行的测算。尽管非主营产品的销售额可能不会有大幅度的增长，但由于其较高的利润率，这部分业务将保持稳定，并对主营产品的销售起到一定的支持作用。"

我们要明白，财务预测不应该仅仅关注财务报表最终的利润，它更应该关注的是业务的假设条件和关键主导因素。投资者会通过我们提供的财务预测来了解公司业务和公司未来发展状态。

4 如何展示产品的竞争优势

作为一个寻求融资的创业者，我们的目标自然是让自己的产品在众多竞争者中脱颖而出，吸引投资者的目光。然而，在众多相似的产品中，如何有效地展示自己的产品的优势呢？

许多创业者在介绍产品时，往往会从自身的角度出发，强调自己的产品在各个方面都比竞争对手更优秀。虽然这种表述方式并非完全错误，但它并不是最有效的突显产品优势的方法。

相反，我们应该尝试站在投资者的立场上思考。投资者更希望看到的是产品的独特之处，也就是那些"人无我有，人有我优"的特点。这些独特的卖点往往能够引起投资者的兴趣，让他们更愿意为产品投资。

因此，在向投资者介绍产品时，我们应该直接、明确地告诉他们产品的特点和优势。这样不仅能够节省双方的时间，还能够让投资者更快地了解产品的核心价值，从而提高融资的成功率。

> ☑ "我的产品运用的材料很特殊，具有防水、防火功能，关键时候还能保命。"

在当今这个物质资源极为丰富的时代，想要创造出一款独一无二、无人能及的产品已经变得越来越困难。因此，对于许多投资者来说，"人有我优"成了他们重点考虑的问题。

> ☒ "我们生产的服装比 ×× 品牌的服装质量好，款式更新颖……"

很多投资者可能与我们的竞争对手也有合作，所以这种不知深浅的比较，会被投资者认为格局不够大。

> ☑ "很多大牌都有专门的设计团队，我们也邀请了知名的设计师，组建了设计团队，所以在款式上，我们不输某些大牌。"

此外，产品的附加值也是产品的优势。总之，我们要讲产品，就不能讲别人都会讲的，而要讲别人没有的、别人不会讲的，这样才能吸引投资者投资。

5 如何感染投资者

投资者通常都是非常理性的，这一点毫无疑问。然而，他们毕竟也是人，同样会受到情感的影响和感染。因此，要想成功吸引投资，我们就不能忽视对自己感染力的培养。

在融资路演的过程中，我们的目标应该是让投资者感受到他们已经与我们融为一体，而不仅仅是作为一个旁观者来聆听我们的演讲。为了实现这一目标，我们需要让自己的语言更具感染力。例如，当我们在阐述企业的愿景时，应该保持情绪激昂，充满热情。这样的表现能够让投资者感受到我们的爆发力和激情，从而更容易被我们打动。

☑ "我对企业的发展有信心，这种信心不是盲目的，是经过这3年的业绩和市场分析得来的。未来3年，我相信是企业的发展黄金期。"

除了语言上要有激情，我们还要让投资方看到我们坚韧的品格和勇往直前的决心。

☑ "这个企业是我一手创办起来的，对于创业这件事情，我并没有太多的经验，所以在创业过程中也遇到了很多问题，犯过一些错误。但我从未想过放弃。记得在创业第一年，我选择了不合适的供应商，导致公司亏损了近60万元。当时我们的账上只剩下不到10万元，处境非常艰难。但即使在那样的时刻，我也没有想过放弃。既然选择的供应商不好，那就换掉他。这反而证明了我们的产品具有市场价值，问题并不在于我们的产品本身。最终，我们挺过了那段艰难的时期。"

当然，我们要了解投资者的喜好，有些投资者喜欢通过细节看融资者的能力，有些投资者喜欢通过企业成长史来了解融资者的管理能力。因此，我们要提前了解对方的喜好，这样才能在语气和内容上达到感染投资者的目的。

第四章

社交话术

第一节

公司年会，一年一度的重要场合

在许多公司，每年都会如期举行年会。在这场公司的盛会上，管理层的演讲往往是最受瞩目的环节。

当然，最期待年会到来的莫过于公司的员工们。在年会上，管理者需要为员工加油鼓劲、给予肯定，并发放一些福利，所有这些都是为了稳定"军心"，增强员工的归属感和忠诚度。

此外，我们还会邀请客户或合作伙伴参加年会。这样做不仅是为了感谢他们的支持，更重要的是为了巩固关系，让他们亲眼见证公司的发展，从而对未来的合作更加充满信心。

1 年会上如何发表致辞

作为企业的领导者，在年会上的致辞不仅仅是对企业发展方向的梳理，更是一次摇旗呐喊，能够加深烙印、撼动人心。这是对员工的鼓舞，也是对客户的信心传递。同时，这也是对产品的一种委婉推介，旨在稳固老客户、开发新客户。

在这样一个意义重大的场合，如果企业领导者的演讲内容缺乏深度，表达不够流畅，无法彰显气魄，那么外界对企业的印象将会大打折扣。

在年会中，领导者可能会使用高档的硬件布置、精美的 PPT 等手段来打造一场令人印象深刻的演讲。然而，要想真正达到稳定"军心"的效果，我们需要掌握演讲的艺术。

首先，问候和感谢是开场的关键。这并不仅仅是简单的寒暄，而是要包含许多细节。员工需要知道哪些行为是被鼓励和认同的，这样才能产生更多类似的行为。

❌ "各位来宾、同仁，大家好。欢迎来到我们公司的年会现场，感谢大家这一年的付出和支持。"

✅ "各位同仁、各位合作伙伴，大家好。我代表公司感谢每一位员工兄弟，在这一年坚定不移地信任、支持公司，没有你们的辛勤付出，公司不可能度过艰难的这一年，迎来充满希望的明年。当然，还要感谢我们的合作伙伴，如果没有你们的鼎力相助，也不会有我们的今天。"

其次，在演讲中既要展示成绩，也要坦诚面对不足。有些领导者可能会认为在年会上只应该说"好事"，而不应该说"坏事"，以免扫了员工的兴致。然而，这种做法反而可能会让员工产生不信任感。

要知道，在年会上报喜是为了树立信心和成就感，我们可以用成绩来说话，比如营业总额、业务能力、战略合作伙伴数、产品升级速度、团队人数等。而报忧则是为了激发员工的斗志，我们可以讲述公司在运营过程中遇到的困难，以及员工是如何团结一心克服困难的经历。这会让员工更加有信心。当然，作为领导者，我们要勇于承担责任，适时的道歉能够挽回人心，同时也能让员工感受到我们的真诚。

❌ "今年我们公司取得了重大的突破，不仅营业总额翻了数倍，团队人数也大幅度增加。这一年，我们公司的发展有目共睹，希望来年，大家能够再创辉煌。"

✔️ "今年我们公司发展速度较快，我们的营业总额翻了一倍，战略合作伙伴由原来的 5 家拓展到 10 家，团队人数增加到了近百人，产品升级速度也明显提升。当然，在取得成绩的过程中，我们也遇到过一些困难，比如老客户流失、产品售后服务不到位等。作为企业管理者，公司出现问题，我是第一负责人，在这里，我诚挚地向各位同仁道歉，是我没有提前做好企业发展预案。同时，我也很感激各位同事在问题面前没有退缩，而是积极地想办法解决问题，团结起来克服困难……"

总的来说，年会致辞不仅仅是对过去一年工作的总结和对新一年工作的期望，更重要的是展现领导者的情怀和格局。通过这种方式，可以让员工感受到加入这家企业是一个明智的选择，从而增强他们的归属感和忠诚度。

2　年会上如何答谢客户

许多企业在举办年会时，会邀请客户参加。这样做一方面是为了表达对客户的尊重，另一方面则是为了让客户亲身感受企业文化，从而稳固合作关系。因此，在年会上，对客户进行答谢致辞是一个非常重要的环节。

在进行答谢致辞时，我们需要特别注意开头和结尾。一个好的开头是成功的一半。开头应该足够新颖和吸引人，尽量避免使用客户已经听过多次的客套话，因为这些话可能会让客户感到厌烦。

❌ "感谢于总、张总这一年来对我们公司的支持，我代表公司向各位表示由衷的感谢。"

✅ "在这里，我满怀感激之情，衷心感谢于总在关键时刻给予我们的鼎力支持。没有您的帮助，我们或许无法渡过那次刻骨铭心的难关。同时，我也要感谢张总始终如一地与我们携手同行。正是因为您力排众议，坚定地与我们合作，才有了今天这个欢乐团聚的时刻。"

除了要有一个精彩的开头，更要有一个让人难忘的结尾。

✅ "最后，在新的一年，我愿所有合作伙伴能顺风顺水，合作企业能蒸蒸日上，愿我们来年天天如今日，红红火火、喜气洋洋。"

当然，除了要有精彩的开头和结尾，更重要的是要带有真诚的语气，而不是敷衍的语气。只有这样，客户才能感知到我们的诚心，他们才会愿意与我们继续合作。

3 年会上如何激扬员工士气

无论在过去的一年里，员工的表现有多么出色，他们都还有提升的空间；无论我们的企业规模是大是小，利润是高是低，激发和奖励优秀员工的原理都是普遍适用的。如果领导者认为员工有能力做得更好，但实际上他们的表现并未达到预期，这往往是因为我们没有有效地激励员工或者缺乏有效的激励机制。员工的士气直接关系到企业的命运。而在年会上，通过致辞来鼓舞员工的士气，无疑是一个非常好的选择。

首先，领导者需要深入了解员工的需求。我们知道，人的行动往往是由需求驱动的。只有当企业满足了员工的需求，我们才能期望员工高效地行动。在这方面，沃尔玛公司做得非常到位。在沃尔玛，所有的管理人员都会佩戴刻有"我们关心我们的员工"字样的徽章。我们可以借鉴这种做法，在平时多了解员工的需求，并在年会上围绕这些需求来进行激励。

☑ "在过去的一年里，我们一直致力于改善员工的生活条件。为了让员工能够吃到干净、卫生的饭菜，我们特别设立了员工食堂，并为每位员工提供免费午餐。今年，我们计划为在公司工作两年以上的老员工提供住房津贴。所以，大家可以看看自己是否已经步入了这个行列。此外，我之前了解到有员工反映公司没有组织体检，这个问题在今年也将得到解决。我们承诺今后每年都会安排一次免费体检，以确保大家的身体健康。"

其次，员工追求的不仅仅是物质上的回报，还包括精神上的肯定。因此，管理者应该善于在年会上表扬那些表现突出的典型员工，让他们明白自己的努力是被看见和认可的。这种公开的表扬对于踏实工作的员工来说是一种极大的鼓舞。与表扬整个团队相比，对个体的表扬往往更为有效。这种"零成本奖励"的方式非常适合在年会上进行。

"我想特别表扬一下我们的保洁阿姨。虽然她的工作看似普通，每天的工作内容也很固定，但她总是第一个到公司，最后一个离开公司。我记得去年国庆节假期的前一天，当我晚上 8 点离开公司时，保洁阿姨还没有下班。她说她要在我离开后检查一下所有的电器是否都已经关闭。那一刻，我真的感到非常庆幸，因为我们有一位如此负责任的员工。"

最后，员工除了个人精神和物质方面的需求，还希望能看到未来。员工参加工作，往往希望能够和企业一同成长。因此，在年会上，领导者要让员工看到企业的未来，对企业发展产生信心。因此，年会可以总结过去一年的教训，但更多的应该是对未来一年甚至几年的科学规划。

> ☑️ "在未来的一到三年内，我将与大家共同努力，将我们的企业从一个小微企业发展成为一家中型企业。这是我向大家做出的承诺，我对此充满信心。我希望大家能够相信我，随着公司规模的扩大，大家将有更多的晋升机会，因为你们都是公司的股肱之臣。"

打仗要看士兵的士气，经营公司要看员工的士气。因此，领导可以利用年会，给员工"打打气"，让员工在新的一年里，更有活力和动力。

4 年会上如何分享战略规划

越来越多的企业领导者意识到战略的重要性，并在每年的年底制订下一年的战略规划。在年会上讲述未来的战略规划，也是很多企业的惯例。但是要注意，年会毕竟不是战略会，不要将战略讲述得太详细，不然会占用大量时间，将原本开心的年会变成枯燥无味的战略统筹会。

❌ "明年是公司发展的关键一年，公司将紧紧围绕发展战略及经营目标开展工作，团结努力，履行职责，确保人力、资金、硬件等各个方面能满足公司经营发展需求，为实现公司明年年度目标尽职尽责。首先，人力方面，全面完善公司各项制度及工作标准，深挖招聘渠道，满足人力需求……"

✅ "在未来的一年里，公司的发展将主要围绕两个关键点展开。首先，我们将大力拓展园林业务，提升公司的业务能力。其次，我们将重视人才培养，积极引进优秀人才，以增强公司的整体实力。今天，我就不详细阐述了，具体的实施策略将会在战略规划报告中详细说明。"

年会上做战略规划的简单阐述，这个过程是否可以忽略？当然不可以，员工需要更清楚的工作目标，才能知道努力的方向。正所谓"一张图、一颗心、一场仗"，员工知道自己在这张战略大图中所处的位置，也就更清楚自己的价值和奋斗方向了，配合相应的流程，再加上沟通协同，整个团队才能形成一颗心，最后打赢这场战役。举办年会毕竟不仅仅是为了让员工放松和娱乐，也是激励员工继续努力的一种方式。

商业聚会，提高参与价值

商业聚会与普通聚会不同，因为参与人员较为复杂，包括合作伙伴、同行，甚至上下游供应商。商业聚会的目的也多种多样，除了加强彼此间的感情联系，更重要的是寻求新的合作伙伴，从同行那里学习更多技术或了解市场行情，以及寻找更优质的上下游供应商。

因此，要提高商业聚会的价值，我们需要从自己的目标出发，运用恰当的话术技巧，确保各方都能在聚会上有所收获。

1 宴会开餐前，如何发表诚挚敬祝的讲话

作为企业的管理者，参加一些商业宴会是在所难免的，无论是企业内部的，还是一些合作方组织的，每一次参与宴会都是一

次展现自我的机会。因此，我们在宴会上的一言一行都很关键。如果有幸，我们需要在宴会开餐前做一个开场白。那么，更要学会一些讲话的技巧了。

首先，在发表敬祝开场时，真诚是至关重要的。我们需要用真挚的情感和坦诚的话语来表达对来宾的感激之情，感谢他们对公司的信任和支持。

> ✓ "在宴会正式开始之前，我想先表达我的感谢。感谢在座的各位一直以来对公司的无私援助和支持。正是因为有了你们的关注和合作，我们才能取得今天的辉煌成就。"

其次，为了让祝福更加具体且有意义，我们可以结合一些实例来加以说明。我们可以以公司或个人的成就为例，展示出我们对于未来的期许和目标。

> ✓ "我们公司自成立以来，一直致力于追求创新。正是因为有了各位合作伙伴的默契配合和不懈努力，我们才能取得一个又一个的里程碑式的成绩。在未来的日子里，我们将继续坚持对优质产品和高效服务的追求，与各位共同实现更好发展！"

此外，我们也可以结合时事和当前的行业趋势，向来宾们表达对未来的期望和祝福。我们可以祝愿来宾们在未来的事业道路上取得更大的成功，也可以祝愿顺利进行的商业合作能够带来双赢的结果。

☑ "随着科技的不断发展和全球化的加速推进，我们所面临的机遇和挑战也越来越多。但我相信，在与各位优秀的企业家和专业人士的合作下，我们一定能够共同应对各种挑战，并创造更多的商机和经济增长。"

最后，不要忘记向在座的来宾们表达真挚的祝愿和衷心的祝福。我们可以表达对来宾们事业和家庭的美好祝福，同时也可以表达希望在今后的合作中取得更多的成果。

☑ "在这美好的时刻，感谢各位合作伙伴在百忙之中抽出时间参加我们的聚会，感谢你们一直以来对我们公司的支持和信任。

我们公司自成立以来，一直致力于提供优质的产品和服务，为客户创造价值。在这个过程中，我们得到了各位合作伙伴的大力支持和帮助，这是我们不断前进的动力源泉。

今晚，我们欢聚一堂，共同庆祝我们取得的成果，共同展望未来的发展前景。我相信，只要我们携手并进，共同努力，就一定能够创造更加美好的未来。

最后，我提议，让我们共同举杯，为我们的友谊，为我们的合作，为我们的未来，干杯！"

在发表诚挚敬祝的讲话时，我们需要用真挚的情感感动人心，用具体的例子表达出我们的期望，同时也要抒发我们的祝愿和感激之情。只有这样，我们的讲话才能更加生动、更加深入人心。

2 商业聚会上担任嘉宾时如何发言

前文提到的开场白，显然是在我们自己主办宴会的情况下适用的表达方式。那么，如果我们作为受邀嘉宾参加合作伙伴组织的商业宴会，并被邀请发言，我们应该如何在商业聚会上进行演讲呢？一个成功的商业演讲需要具备以下几个要素。

首先，要感谢邀请你参加宴会的主办方或组织者。表达你对他们的感激之情，并简短地提及你们之间的关系或合作。

☑ "今天有幸能参加咱们王总组织的这次聚会，首先要感谢王总的诚挚邀约，我和王总是老朋友了，认识有 10 年的时间了，企业之间的合作也已经 7 年了。"

其次，确保主题明确，内容言之有物。要根据宴会的主题或目的，分享一些相关的想法、经验或见解。确保你的发言与宴会的主题紧密相关，并且能够引起听众的兴趣。

✓ "这三年来，我们经历了市场的各种考验，也找到了适合我们双方合作的最佳方式。虽然这项技术在行业内已经发展得很不错了，但是我们双方都希望能找到突破口，这也是我们未来合作的方向。"

再者，确保内容生动、形象。为了吸引观众的注意力，并引起与会人员之间的共鸣，我们可以采用一些生动有趣的形式和手段。

既然是在宴会上，我们发言第一是要轻松，不要给人一种开工作会的感觉；第二是要"有料"，这样对方才能明白我们来的目的，更方便以后业务的展开；第三是要将话语权最终引向"主家"，也就是将话语权给到主办方。

3 如何分享创业经验

人都有好奇心，都希望了解他人的传奇经历。尤其是在商业宴会上，我们难免会谈到以往的经历和故事。怎样分享创业经验，既不会让人误认为我们在炫耀，又不会给人一种缺少阅历的感觉呢？

在分享创业经验的过程中，要注重主题的明确性和连贯性。我们可以选择一个特定的主题或者重点，例如创业的起步阶段、团队建设、市场营销等，然后通过自己的切身经历和实例来进行深入的阐述。这样可以更有针对性地向听众传达自己想要表达的思想和观点。比如，以"从零到一：创业的起步阶段"为主题，讲述自己在创业初期所面临的挑战和解决方案，以及在取得初步成果后的经验总结。

❌ "我记得创业第二年企业就盈利了，中间经历了资金链断掉、合作伙伴跑路等很多事情。刚开始创业的时候，真是要钱没钱，要经验没经验……"

✅ "我认为创业者应该保持积极的心态和坚定的信念，这点很重要。创业不仅是实现个人理想的过程，更是面对各种挑战和风险的过程。在我创业的过程中，我曾经面临资金紧缺、市场不景气等多种困难。如果当时我没有一个积极的心态，没有坚定的创业信念，可能在资金紧缺的时候我就放弃了。当时，我就坚信这个创业方向是正确的……"

当然，在分享创业经验时，我们应该依托于生动的故事和具体的案例，以此激发听众的兴趣并加深他们的理解。通过真实的故事和实例，我们不仅能够更形象、更生动地让听众了解我们所遭遇的情境和挑战，还能够在这些案例中揭示创业成功的秘诀和关键策略。

"在公司资金紧张的那段日子里，流动资金一度枯竭，甚至不得不将个人房产抵押以获取贷款。那段时光确实异常艰难，然而幸运的是，我们的产品始终保持着竞争力，销量也在稳步增长，唯一的困扰是回款速度过于缓慢。为了解决这个问题，我灵机一动，想出了一个策略：如果客户能在约定的时间内完成回款，我将额外赠送一部分产品作为奖励。由于这些产品具有广阔的市场前景，客户迟早都会用到，只要他们的账面资金充足，早付几天或晚付几天并无太大差别。因此，这一举措有效地促进了回款的进度。"

此外，在分享创业经验时，我们应当着重传递具有实用性的信息和技巧。仅仅讲述故事是不够的，更重要的是要传授具体的创业方法和策略。尽管人们喜欢聆听传奇般的经历，但他们更渴望从中汲取创业的智慧和秘诀。

✅ "有人曾问我，是如何在艰难时期中坚持下来，避免企业倒闭的。首先，我想说的是，社会大环境的变化并非某个行业或企业能左右的，这是我们无法解决的问题。因此，我不会将精力浪费在担忧市场大环境上。相反，当业务不景气时，我会将精力放在企业的长期规划上。例如，在闲暇之余，我会努力挖掘新客户，并努力扩大企业的业务范围。只要是可行的业务，我都会去尝试。我不挑剔客户，也不挑剔业务类型，只要有一定的利润空间，我都会去做。原因很简单，我们并非一家大公司，没有那么大的市场影响力，也没有所谓的'企业优越感'。因此，我的企业在业务转型等方面能够迅速应对。"

分享创业经验，要想在座的人听下去，还要有一些独特的技巧和方法。这就需要我们想好方向，讲好故事，找对方法。

4 如何和同行交流商业经验

很多人认为同行是竞争对手，所以不愿意与对方交流经验。的确，同行之间存在竞争关系，但这并不意味着不能在一起交流商业经验，更不意味着双方没有共同的话题。毕竟，在很多商业宴会上，势必会遇到同行。那么，在商业宴会上，要如何与同行交流商业经验呢？

既然是在商业宴会上，那么交谈可以相对随意一些。和同行聚会聊天时，既不要贬低对方，也不要抬高对方，客观公正，尊重同行，这是交流的基础。

❌ "虽然你们的客户不少，但是产品质量比我们差远了。"

✅ "你们的产品在服务上有优势，我们的产品在质量上相对好一些，我们要相互学习呀！"

同行之间不只是竞争的关系，更是同一个行业里的"助手"，只要这个行业欣欣向荣，那么，大家在这个圈子里就不愁赚不到钱。

同行之间的交流还可以围绕行业发展趋势和行业动态。

✅ 李总："张总，最近有什么新的发现？"

张总："我发现咱们行业有一家新公司，听说老板是'95后'，这家公司专注于为高端用户提供服务。"

✅ 李总："我也听说了，这家公司是一家很有魄力的公司，看来我们要向年轻人学习了。在咱们行业快速发展的过程中，不仅技术要不断更新，我们的理念也要与时俱进。"

同行之间，需要互相借鉴、愉快交流，共同把这个行业做起来，形成地域品牌效应。这样才是有利于企业发展的。因此，可以从同行口中吸取经验，也可以从同行那里学习新的管理模式。

既然同行不是绝对的敌人，那么在商业宴会上，我们可以积极主动地和同行打招呼，对同行提出的困难，在不损害公司主要利益的前提下，能帮助的可以给予帮助。我们帮了他，其实也是在给自己留后路。毕竟市场变幻莫测，我们不能保证自己永远立于不败之地。

5 如何广交朋友，拓展人脉网络

在商业世界中，人脉网络的重要性不言而喻。有时候，多认识一个人，就能帮助我们避免巨大的经济损失。商业宴会正是这样一个拓展人脉、结交朋友的绝佳场合。因此，我们需要巧妙地利用这些商业聚会，通过有效的沟通和交流方式，不断扩大自己的人际关系网。

首先，建立积极的人际关系是拓展人脉网络的核心。在商业宴会上，我们应该以积极、友好和真诚的态度与他人交流和互动。当遇到新朋友时，要主动打招呼并自我介绍，表达对他们的兴趣和尊重。

☑️ 王总："您好，李总，我们是第一次见面，我是××公司的负责人，王××。"

李总："您好，王总，久仰大名，今日得见，实乃荣幸之至。"

☑️ 王总："您过奖了。您才是我们学习的榜样，您的经验和智慧一直是我们这些年轻人努力追求的目标。今天能有机会聆听您的教诲，我深感荣幸，也让我受益匪浅。"

我们还可以倾听他人的发言，提出关于他们所讲话题的问题，以表达我们的关注和深入交流的意愿。通过这样的积极互动，我们能够增进彼此之间的了解，奠定坚实的人际基础。

☑️ 王总："刚刚您提到人力资源优化，这点我很认同，尤其是在我们这种老企业。但是我们是讲情怀的企业，对于老员工，虽然我们知道他们的学习能力差了一些，工作效率低了一点，但是我们不想因为这个就'优化'他们。在这点上，您能否指点一二？"

☑️ 李总："非常感谢您的肯定和支持。我们确实需要对整个企业负责，不断优化和提升。老员工虽然年纪稍大，但他们的责任心和经验是无可替代的。我相信，只要是为了企业的发展，他们一定会愿意学习新技能和新技术。同时，我们也会尽力为他们提供培训和支持，帮助他们更好地适应变化。"

其次，破除交流障碍，运用灵活多样的交流技巧。在商业宴会上，我们可能会遇到各种各样的人，他们来自不同的行业，有着不同的文化和背景。为了更好地与他们沟通和交流，我们可以灵活运用一些交流技巧。例如，我们可以运用开放式问题和鼓励式语言，帮助对方更好地表达自己和参与对话。我们还需要注意非语言信号，如肢体语言和微表情，从中获取更多信息。此外，我们可以运用幽默的话语来活跃气氛和拉近彼此距离。通过这样的交流技巧，我们能够更好地与他人建立联系，并建立起长远的合作关系。

王总："李总，您的提议非常有见地，我会认真考虑并与管理层讨论。如果方案可行，我将感激不尽。看来，我应该称呼您为'李老师'，哈哈！"

另外，关注对方的需求和利益是广交朋友、拓展人脉网络的关键。在商业宴会上，我们应该积极倾听并了解他人的需求和目标。在了解了对方的需求后，我们就可以主动提供帮助，或者介绍一些与他们相关的资源和机会。例如，我们可以为他人提供一些建议、分享一些行业见解，或者介绍一些潜在的合作伙伴。通过关注他人的需求和利益，我们能够建立起持久和互惠的人际关系。同时，当我们需要帮助和支持时，也能够得到他人的回报。

李总："王总，您的企业果然人才济济。如果有需要，我非常乐意将我的朋友介绍给您认识。她在人力资源管理方面有着丰富的经验和专业知识，相信会在人才管理方面对您有所帮助。"

最后，积极参与商业宴会的社交活动和团队合作，是广交朋友、扩充人脉的有效途径。商业宴会通常会组织一些小组活动、游戏或者团队合作，这是一个很好的与他人密切互动和共同工作的机会。我们可以主动参加这些活动，并积极投入其中。在活动过程中，我们可以与他人共同解决问题、合作完成任务，这样不仅能够增进彼此之间的了解，增加默契，也能够展示出我们的合作能力和团队精神。通过这样的参与和互动，我们能够与他人建立起紧密的联系，并在商业圈中树立良好的形象。

第三节 私人聚会，抓住天赐良机

私人聚会是一种能够深化彼此信任的社交方式。在这样的聚会上，虽然参与人数不多，但往往都是高质量的人脉。

要在私人聚会上抓住机会，首先，需要具备活跃现场的能力，确保始终充满热情。其次，在交谈中要展现出自己的魅力和价值，让对方愿意将你引入他们的社交圈子，并为你介绍新的人脉。最后，通过私人聚会加深客户和合作方对你个人或企业的印象。

在私人聚会上，每一个细节都至关重要。我们要尽力展现自己的社交能力，赢得对方的信任，这样才能充分发挥举办或参加私人聚会的价值。

1 聚会开始时如何快速热场

私人聚会多半不会请太多人参加，往往是针对某件事情，宴请和这件事情有关的人。这些人大多是相互认识的，也会有个别新人加入。因此，这种场合热场要快，要让大家迅速融入，并让彼此不感到陌生。

> ☑ "尊敬的各位来宾，大家好。感谢大家在百忙之中莅临本次聚会。在这里，我们将共同度过一个难忘的夜晚，享受美食、美酒与美妙的音乐。同时，这也是一个难得的机会，让我们共同探讨未来的合作与发展。"

在私人宴会上，我们可以通过介绍新人来达到热场的效果。当然，介绍对方其实也就是赞美对方，帮对方融入宴会的过程。同时，介绍对方不是目的，目的是通过介绍对方，提出宴请的诉求，并用反问句结尾，让在座的客人都参与其中。

> ☑ "其他人咱们都相互认识，今天我隆重介绍一下我身边这位，××公司的张扬，张总的企业大家可以在网上搜一下，有相当的规模。今天把张总请过来，一是想让大家相互认识一下，二是看我们是否有合作的机会，如果能相互支持、一起发财，大家说是不是更好？"

2 如何请人介绍人脉资源

私人宴会多半是带有某个目的的聚会。在宴会上，如果我们需要通过交流获得更多有效的人脉资源，或是通过某个参加宴会的客人来接触某个人并解决某个问题，首先要考虑的就是找准话题。

在宴会刚开始时直接提出自己的诉求可能会显得过于唐突。为了更自然地引出话题，可以选择一些与在场人士相关的共同兴趣或者时事热点作为切入点。这样不仅能引起大家的兴趣，还能在轻松的氛围中逐渐引导对话走向自己的诉求。例如，可以先谈论一下行业动态，再顺势提及自己公司在相关领域的优势和合作意愿，这样既能展示自己的专业素养，又能让诉求显得合情合理。

❌ "今天我们聚在一起，其实是想请赵总帮一个忙，看能不能给牵个线，让我们和上市公司的张东董事长见个面，我们想让张东董事长拉一下我们这些小企业。"

✅ 李总："赵总，听说贵公司今年的业绩实现了翻倍增长，真是令人钦佩。能否透露一下您的成功秘诀？我们也想学习借鉴一下。"

赵总："李总过奖了，其实我们的业绩只是略有提升而已。要说有什么秘诀，可能就是找准了目标客户吧。"

✅ 李总："我听说您是遇到了一位贵人，能否分享一下这段经历？"

赵总："是的，上市公司的张东董事长对我们的产品非常认可，因此选择了我们作为他们的特定合作伙伴。"

✅ 李总："原来如此，看来您真的是遇到了一位伯乐。不知道您是否方便，如果不介意的话，能否安排我们认识一下张董？我们和您经营的行业不同，不存在竞争关系。"

赵总："当然可以，下周一张董会来我们公司考察，到时候我会安排你们见面。"

在要求别人介绍人脉给自己的时候，一定要表明自己不会威胁到对方的利益，打消对方的后顾之忧，最好是能说明自己的意图，不让介绍人陷于两难之地。

✅ 李总："其实，我见这位张董是为了让他看看我们生产的产品，有没有他们企业能用得上的，也算是听听强者的意见，向他学习学习管理经验。"

只有不损害介绍人的利益，不让介绍人为难，再加上我们诚挚的态度，对方才会愿意将自己手中的人脉资源介绍给我们。

3 如何吸引潜在合作方的注意

要想吸引合作方的眼球，首先，我们要了解潜在合作方的需求和兴趣。只有找到对方感兴趣的点，我们在交流中才能更加有的放矢。

在私人宴会上，我们可以主动与潜在合作方进行深入交谈，了解他们目前遇到的挑战和问题。通过聆听和提问，我们能够更好地了解他们所追求的目标和需求。然后，我们可以根据他们的需求和兴趣，提出一些解决方案或者建议，从而吸引他们的关注。

例如，如果我们知道潜在合作方正在寻找某种产品或服务，我们可以介绍自己提供的解决方案，并阐明它与其需求的匹配程度。了解合作方的需求，并为其提供有价值的建议，将使我们成为潜在合作方的首选。

其次，展示自己的专业知识和经验是吸引潜在合作方的重要策略。在私人宴会上，我们可以向潜在合作方介绍自己和公司的背景以及所取得的成就。通过分享自己在相关领域的专业知识和经验，我们能够树立起自己的专业形象和信誉。

☑ "我们非常荣幸地邀请到了北京某重点大学的一位博士，他是这个行业的权威专家。在他的带领下，研究团队取得了重大成果。目前，我们是唯一成功应用这项成果的企业。"

此外，展示合作的前景和利益也是吸引合作方的重要手段。在私人宴会上，我们可以与合作方讨论潜在的合作机会，并突出合作将带来的优势和收益。例如，向合作方展示合作可能带来的市场份额增长、品牌影响力提升或者成本效益提高等方面的好处。通过具体的数据和实例，能够增加合作方对合作的兴趣和信心。

☑ "如果我们能够找到像您这样有实力的合作伙伴，我有信心在一年内将您的产品市场份额提升 3%，并使您的品牌成为家喻户晓的知名品牌。"

4 如何拉近与客户的关系

我们邀请了客户，客户也来参加宴会了，那么客户内心一定十分清楚我们的意图是什么。因此，在宴会上，我们要做的就是拉近与客户的关系，增强合作黏性。

既然是私人宴会，就可以在尊重客户的前提下，将客户看作朋友。我们可以提前了解客户的喜好，比如客户喜欢吃什么食物、喜欢喝什么酒、爱好什么运动等。提前进行这些了解不仅仅是为了投其所好，更是为了在交谈时有话题。除此之外，还可以以向对方请教为由头，与客户深聊。

✅ "张总，听说您对骑马情有独钟，我也一直想学骑马，可惜没有合适的地方。您能推荐一个学习骑马的好地方吗？另外，我是否需要提前准备护具？"

只要客户开始主动分享自己的经验和爱好，那么，我们就可以借机了解更多关于客户的信息。比如，客户除了工作，都有什么兴趣爱好等。自然而然，就会谈到家庭生活。

✅ 张总："我喜欢骑马也是为了陪孩子练习，我儿子喜欢骑马，所以只要有时间，我就陪他练习。"

李总："您真是一位了不起的父亲，在这方面我自愧不如。看来我也应该多花时间陪伴我的儿子了。他今年10岁，不知道您家的公子多大了？如果下周末您有时间，我们可以约个时间，让我儿子向您家的公子学习骑马。"

在谈及对方家庭时，要找准机会，建立再次沟通的机会，这样也就成功拉近了与客户的关系。

当然，我们还要时不时地给客户积极的心理暗示，比如"您一直对我很照顾""您对我一直很信任""您一直都很想把订单给我"等，客户会下意识地认为确实是这样，从而会更愿意支持我们的工作。

5 如何在聚会上向帮助过自己的人道谢

在商业活动中，我们难免会遇到棘手的问题，只要是对方给了我们帮助，帮我们渡过了难关，那么我们就应该常常向对方表示感谢。

表达感谢是一种情感交流的行为，它不同于一般的商业交易，不能简单地用"一手交钱一手交货"的方式来处理。对方给予我们帮助是一种情感的体现，我们回报的不应该仅仅是物质上的馈赠，更重要的是情感上的回馈。只有这样，我们才能建立起更加紧密的合作关系。我们不能认为，一旦给予了对方物质上的酬谢就两清了，不再有任何关联。

表达感谢的场合和方式有很多，如果是我们的客户帮助了我们，那么不要吝啬将这件事情当众说出来，这样做不仅能够让客户感受到我们的真诚，更能增加客户黏度。

☑ "张总，关于上次那件事，我真心地感激不尽。如果不是您及时安排车辆运输，我那价值几百万元的货物根本无法按时送达客户手中。您的帮助对我来说意义重大，真的非常感谢。"

除了表达感激之情，我们也不要吝啬自己的许诺。

☑ "张总，以后只要是有我能帮得上的忙，您尽管开口，我定会全力以赴。"

对别人的帮助表示感谢是非常必要的，但我们也需要掌握好感谢的分寸，力求做到合理与恰当。过度的感谢可能让人感到不自在，甚至怀疑其真诚性；而不足的感谢则可能让人觉得付出不被尊重，从而影响未来再次提供帮助的可能性。因此，及时、合理地道谢是一门需要细心琢磨的艺术。

第四节

商务合作宴请客户，打破销售僵局

要促成合作，商务宴请少不了，尤其是在合作遇到瓶颈时，更需要通过一个非正式的会面，缓和一下双方的关系，从而为继续洽谈或合作创造有利条件，进而实现合作共赢的目的。

我们希望通过宴请客户的方式来实现商务合作，这个过程可不仅仅是请客吃饭那么简单。每一个流程和细节都关乎这次宴请是否能成功。比如，询问客户的空闲时间时，既要让客户有选择权又不能让邀约"无疾而终"；在餐前热场、点菜环节，更是要考虑客户的情绪和需求。因此，掌握商务宴请每个环节的话术技巧尤为重要。

1 如何礼貌地询问客户的空闲时间

具体的合作事项是不适合在商务宴会上交流的，而应该与客户在私下商定。在宴会上与客户另约时间是有话术技巧的。

在询问客户的空闲时间时，我们应遵循礼貌原则，确保提问方式得体。一种有效的方法是将时间的约定以选择题的形式呈现，这样既能体现出对客户的尊重，又能让客户在有限的选项中做出选择，提高沟通的效率。

☑ "张总，您看今天人太多了，我们单独约个时间细谈一下合作的事情吧。您看明天上午9点或下午2点怎么样？"

首先这是一个选择题，客户有选择的空间，不至于被客户直接拒绝。如果我们直接给出一个时间点，那么对方如果真的有事情，就会一口回绝。这样一来，我们还要再提出一个时间点，这就显得有些刻意了，如果客户还是安排了其他工作，这会让客户感到为难，同时气氛也会变得尴尬。

☒ 李总："张总，您看今天人太多了，我们单独约个时间细谈一下合作的事情吧。您看明天上午9点怎么样？"

张总："实在抱歉，李总。明天上午真不行，公司要开股东大会，一个星期前就已经安排好的。"

❌ 李总："那没关系，改成明天下午 3 点吧！"

张总："这……"（张总的潜台词是不方便，但是也不好意思再次拒绝，又在公众场合，张总会很为难。）

让客户为难的合作伙伴，对客户来讲，肯定不是一个好的合作伙伴。因此，询问客户空闲时间一定要是选择题，给客户一个选择的空间。可能有的管理者会问：我们直接将选择权给客户，让客户定时间不就好了？其实，这样做我们会掉入客户的思路里，失去主动权，甚至邀约客户再次面谈的事情会石沉大海。

❌ 李总："张总，您看您什么时候有时间我们见面聊？"

张总："实在不好意思，李总，我最近都没有时间。这样，等我有时间了，我给您打电话。"

这种开放式的询问方式，虽然表面上看似给予了客户自由安排时间的权利，但实际上往往难以达到约见客户的目的。因此，我们应当采用封闭式提问，引导客户在限定的选项中做出选择。这种方式不仅能使客户感到舒适，还能为我们留出一定的工作时间，实现双方的共赢。

☑️ 李总："张总，这周您看哪天有时间？我们可以再面谈。"

如果在我们说的时间周期内客户依然无法抽出时间的话，就要再给定一个时间周期让客户来自己确定时间。

☑️ 李总："张总，这周您看哪天有时间？我们可以再面谈。"

张总："李总，实在抱歉，这周恐怕不行，我要去外地出差，下周一才能回来。"

☑️ 李总："那您定时间，我下周的时间都非常灵活。"

张总："这样，我们先暂定下周三上午 10 点，您来我们公司。如果我临时有事，再提前一天给您打电话。"

像这样让客户自己定时间，客户往往不会随意改变，更不会爽约。

2 点菜前如何进行非正式会谈活跃气氛

通过商务宴请来与客户联络感情、沟通业务、洽谈合作是十分常见的。在商务合作宴会上，正式的会谈通常是围绕着业务展开的，而非正式会谈则是为了让参与人员更加放松，从而增进了解和建立联系。非正式会谈可以帮助打破僵局、缓解紧张气氛，为正式会谈打下良好的基础。下面这几种非正式会谈话术，往往能够活跃气氛。

第一种，我们需要用一段简短的开场白来引导大家进入非正式会谈的氛围。

> ☑ "很高兴能与各位共进晚餐，今天的菜单非常丰盛，我想在点菜之前，我们可以先闲聊一下，增进对彼此的了解。"

第二种，找到一些共同的话题，可以是兴趣爱好、旅游经历、电影书籍等，让大家都能参与其中。

> ☑ "我最近刚看了一部很好的电影，叫《×××》，大家有没有看过？我觉得这部电影的剧情非常吸引人，里面的演员演技都很好。"

第三种，谈论一些与行业相关的热点新闻，让大家在轻松的氛围中了解彼此的专业背景。

☑ "最近，我们公司在研究一种新的营销策略，通过大数据分析来更好地了解客户需求。不知道贵公司在这方面的进展如何？"

第四种，分享一些有趣的个人经历，拉近彼此的距离。

☑ "去年我参加了一次马拉松比赛，虽然没有获奖，但整个过程让我受益匪浅。您是否有过类似的经历？"

第五种，谈论家庭和生活中的趣事，让大家在轻松的氛围中交流。

☑ "我有一个5岁的女儿，她非常喜欢画画。我看您微信头像是个女孩，应该是您女儿吧？她最喜欢做什么？"

第六种，分享一些旅行经历，激发大家的好奇心和兴趣。

☑ "我最近去泰国旅游了一次，那里的美食和风景真的让人难以忘怀。您最喜欢的旅行目的地是哪里？"

第七种，谈论健康和运动话题，让大家在轻松的氛围中交流。

✅"我最近开始学习瑜伽，觉得对提升身心健康都有帮助。您平时喜欢做什么类型的运动？"

第八种，谈论未来的计划和期望，让大家在轻松的氛围中了解彼此的想法。

✅"我们公司计划在未来一年内拓展海外市场，希望能与更多优秀的合作伙伴携手共进。您对未来有什么计划和期望？"

在非正式会谈过程中，要确保谈话内容轻松、有趣，避免涉及敏感话题，如宗教、政治等。同时，要注意倾听对方的意见，给予充分的关注和支持。

总之，在商务合作宴会上进行非正式会谈时，要善于寻找共同话题，不要选一些大家都不关注的话题，这样交谈势必会冷场。通过谈论共同话题，大家都能感受到轻松愉快的氛围，有各抒己见的机会，有助于接下来洽谈合作。

当然，在商务合作宴会上进行非正式会谈的目的是活跃气氛，为正式会谈打下良好的基础。因此，在这个过程中，要始终保持微笑和热情，让对方感受到你的真诚。只有这样，才能为双方的合作奠定坚实的基础。

3 如何邀请客户点菜

在商务合作宴会上，作为东道主，我们邀请客户点菜是一项重要的礼仪。但是，邀请客户点菜也要讲究方式方法。如果话术不当，会让客户陷入尴尬之地，甚至会让客户觉得我们不懂礼貌。常用的方法，有以下几种。

第一种，直接询问法。

在用餐快结束时，让服务员走到客户的身边，礼貌地询问一句"各位客人，不知道你们还需要点什么"或者"请问几位需要加些什么菜呢"。这样的提问方式，直接明了，一般情况下，客户都会很快做出选择。

 "各位老总，我提前点了几道小菜，各位再加几道。"

第二种，暗示提醒法。

在用餐即将结束的时候，我们可以让助理提醒服务员，让服务员采取一些暗示性的提醒。这样的方式既能避免客户觉得餐厅在推销菜品，也能让客户感受到服务员的周到和细心。

第三种，主动推荐法。

在点菜过程中，我们应该站在客户的角度去想问题，主动为客户推荐一些适合他们口味且价格适中的菜品。

☑ "这道菜是他们店的特色菜之一，我每次来都必点。各位，我们可以尝尝。"

第四种，征求意见法。

在点菜过程中，如果我们了解到客户有忌口，可以提前安排其他适合客户的饭菜。

☑ "赵总，我知道您在喝中药，有忌口，专门给您点了两道清淡的，没放辣椒。"

第五种，全面布局法。

在餐桌上，每个客户都有自己的喜好，有些客户不好意思当面说，也不主动点菜。为了避免所点的菜都不符合客户的口味，我们可以荤素搭配，各种口味尽量齐全。

☑ "我看有荤、有素、有辣、有酸，要不赵总看看菜单，再点一个甜口的菜？"

总之，在商务合作宴会上，邀请客户点菜是一项重要的礼仪。

我们应该根据不同的情况采取不同的方法，既要尊重客户的选择和意愿，也要体现出我们的热情。

4 碰杯时如何讲话

在商务合作宴会上，开宴前的碰杯讲话是一个重要的环节，它不仅能够拉近与合作伙伴的关系，还能够展示自己的风度和修养。那么，如何在开宴之前碰杯讲话呢？

首先，在碰杯时要注意控制讲话的时间，不要过长也不要过短，一般控制在 30 秒左右为宜。

其次，声音要洪亮，保证每一位到场的客户都能听到，面带微笑，表现出最大的热情。

在具体的碰杯讲话方面，我们要明白，我们宴请的是自己的商务合作伙伴，因此，语言上可以不严肃，但还是要有正式感。过分的随意往往会给人一种"不值得信赖"的感觉。

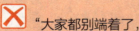 "大家都别端着了，吃好喝好，让我们一起干一个！"

"感谢大家能参加这次聚会，是缘分将我们聚到了一起。今天晚上，大家尽兴就好。来，让我们一起举杯。"

除此之外，碰杯所讲的话一定要是积极、向上的，可以表达美好的愿景，也可以是对未来的期许。

> ✅ "感谢各位老总能来参加这次商务合作洽谈会，也感谢大家在过去的几年里对我们公司和我个人的支持。在未来，我们会用最优质的产品和服务回馈大家。话不多说，让我们举杯畅饮，共创美好的明天。"

当然，碰杯所讲的话应是大家都认同的内容，而不是只适合一两个人的话题。

> ❌ "欢迎赵总今天的到来，大家一起举杯吧！"

> ✅ "欢迎张总、李总的到来，两位是老朋友了。当然我们也欢迎新朋友赵总的到来，希望以后能共创共赢，我们来举杯共饮。"

开宴前的碰杯讲话要足够有气势、有激情，可以讲一些感谢的话语，也可以讲对未来的规划和期许。总而言之，应是客户喜欢听的漂亮话。

5 如何在用餐的过程中掌握对话节奏

在商务场合中，宴请客户是一种重要的社交活动，通过用餐过程中的交流，双方可以增进了解，深化合作关系。然而，如何在用餐时把握对话的节奏，既能展现热情好客，又能避免给客户带来压力，这是一门艺术。

首先，与客户交谈时，要掌握好分寸，让对话既有活力又不失庄重。避免让谈话陷入尴尬的沉默，同时也要防止过度热情让客户感到不适。

✅ 李总："张总，我听说您最近在拓展新的市场，进展如何？"

张总："是的，我们正在积极探索新的机会。虽然面临一些挑战，但整体来说还是取得了不错的进展。"

✅ 李总："那真是太好了。如果您需要任何支持或资源，请随时告诉我们，我们很乐意为您提供帮助。"

张总："非常感谢。事实上，我们确实有一些项目需要合作伙伴的支持。也许我们可以进一步探讨一下合作的可能性。"

✅ 李总："非常期待与您进一步探讨合作的机会。我们可以安排一次会议，详细讨论合作的细节。"

张总："好的，我会让我们的团队与您联系，安排会议时间。再次感谢您的热情款待。"

在这段对话中，主人首先表达了对客户的欢迎和感谢，然后关心其需求。在用餐过程中，主人适时地提出了一个与业务相关的话题，但又没有过于深入或涉及敏感问题。当客户表示有合作意向时，主人积极回应并表示期待进一步探讨合作机会。在整个对话过程中，主人保持了热情而不过分热情的态度，让客户感到舒适和受尊重。

其次，要学会提问。提问是一种有效的沟通方式，可以帮助我们更好地了解客户的需求，引导客户表达自己的意见和观点。在与客户交谈时，我们可以提出一些开放式的问题，让客户自由发挥，从而更好地了解客户的想法。同时，提问也可以帮助我们发现客户的顾虑，及时解决问题，消除客户的顾虑。

 "您对我们的项目有什么建议和意见吗？"

最后，我们可以适时地调整谈话的内容和方式，以保持谈话的愉快和轻松。同时，我们还可以通过观察客户的表情和反应，来判断谈话的节奏是否合适，是否需要调整。

"我们也期待与您的合作能够取得圆满成功。对了，刚才谈到设计细节问题，我想请教一下，您平时在业余时间喜欢做什么？有没有特别喜欢的运动或者兴趣爱好？"

客户："我平时喜欢打羽毛球，周末经常去羽毛球馆打球。"（客户开始谈论自己的兴趣爱好）

✅ "打羽毛球是个很好的锻炼方式，我也喜欢运动。如果有机会我们一起去打羽毛球吧！"

通过以上话术例子，我们可以看到，在与客户交谈时，我们要做到有话可说、有话题可聊，控制谈话节奏，以保持谈话的活跃和轻松。通过这样的交谈方式，我们不仅可以更好地了解客户需求，为客户提供更有针对性的服务，还可以增进对彼此的了解，加深合作关系。

6 如何在宴会后得体地送客

在各种社交场合中，宴会是一种常见的活动。在宴会结束后，送客是一个重要的环节，它不仅能体现主人的礼貌和热情，还能给客人留下深刻的印象。那么，如何在宴会后得体地送客呢？

首先，再次感谢客户的到来。在宴会接近尾声时，我们可以站起来，对所有客户表示感谢。

✅ "各位来宾，非常感谢大家在百忙之中抽出时间来参加我们的宴会，天下没有不散的筵席，这次分别是为了下次更好地相聚。接下来，我将为大家安排车辆，护送各位回家，希望大家能够满意。"

其次，提醒客户注意安全。在送客时，我们可以提醒客户在路上注意安全。

✅ "现在已经很晚了，道路比较湿滑，请大家一定要注意安全。"

再者，为客人送上祝福。在送客的过程中，我们可以为客户送上祝福。

✅ "各位来宾，希望我们的合作顺利，也祝各位财源广进、工作顺利、家庭幸福！"

在送客结束时，主人可以邀请客人再次光临。

✅ "各位老总，如果大家有空，随时来我们公司做客，我们一定会热情款待。"

除此之外，在送客时，应先送女性、长辈和重要客户，再送其他客人。同时，还要注意与其他客户的关系，尽量平衡好与各方的关系，不要表现出明显的厚此薄彼。

第五章

谈判话术

第一节

商业谈判，如何留下良好的第一印象

我们希望给他人留下良好的第一印象，这不仅适用于商务谈判，也适用于日常生活中的各种场合。在商务谈判中，第一印象尤为重要，因为它直接关系到谈判的成功与否。

作为企业领导者，我们需要学会在谈判桌上展现诚意。不仅要通过语言上的关心来表达，更要体现出一种真诚的态度。嘘寒问暖虽然只是一个小小的语言细节，但它却能传递出我们对对方的尊重和关注。同时，通过展现我们的专业度，可以让对方对我们产生信任感，这是吸引合作方的关键。

如果在谈判过程中出现分歧，我们应该避免争论谁对谁错。因为这样的争论不仅无助于解决问题，还可能破坏双方的关系。相反，我们应该保持冷静和理智，以平和的心态去沟通和协商，寻找双方都能接受的解决方案。

谈判不仅考验我们的语言素养，更考验我们的情绪稳定性。一个优秀的领导者应该能够在压力下保持冷静，不被情绪左右，这样才能做出明智的决策。因此，商业谈判是体现领导者综合素质的重要场合。

1 如何组织一场商业谈判

商业谈判是商业领域中常见的一种沟通方式，目的是达成双方都能接受的协议。要组织一场成功的商业谈判，需要一定的技巧。

谈判之前的准备工作十分重要，要做到知己知彼，明确自己的目标和底线，了解对方的需求和利益，了解对方公司的背景、产品等，根据对方的信息和目标，制定相应的谈判策略。

要组织一场商业谈判，我们需要先与对方约定好时间。在约定谈判时间时，一定要给足对方选择权。

> ❌ "周一上午 10 点，我们双方商谈一下，您看可以吗？"
>
> ✅ "周一上午 10 点或周二上午 10 点，我们双方商谈一下，您看哪个时间合适？"

约定地点的话术也是有技巧的。如果是一般的谈判，我们通常可以让客户约定地点，对方一般也会约定在他们公司。商业谈判不适合约定在酒桌上或者是其他娱乐场所。

> ❌ "下周的商业谈判，在我们公司二楼会议室，我们到时候见。"

> ✅ "周一的商业谈判，您看具体地点定在哪儿？以您觉得方便的地点为主。"

如果是去客户的公司进行商谈，那么一定要提前告知对方我们的参会人数，方便对方安排会议室和座次。

> ✅ "我们公司会有 4 人参加商讨，我会带项目经理、采购经理、设计总监一起参加。"

当然，如果有特殊的硬件要求，一定要提前告知对方，方便对方提前安排。

> ✅ "我们会带着项目方案，做 PPT 展示。"

如果客户公司选择的地点是我们公司，那么我们要及时询问上述信息，即人员、设备要求等。如果客户公司暂时无法确定具体人数，我们可以在谈判前一天再次进行确认。当然，在询问信息时，一定要注意语气。

2 如何在谈判开始前寒暄破冰

寒暄其实就是嘘寒问暖，宾主在见面时展开话题的一种方式。无论在什么场合进行寒暄，最重要的是给人以真诚、自然的感觉。至于寒暄的话题，可以是天气状况、风土人情、新闻事件等，那么在商业谈判前，一般都用什么方式开始寒暄呢？

第一种寒暄方式叫询问式，我们可以对客户提一些简单且容易回答的问题。

✅ "昨天忙到很晚吧？"

✅ "最近工作怎么样？是不是很忙？"

✅ "年底了，公司事情都很多，你们也很忙吧？"

第二种寒暄方式叫夸奖式，我们可以对对方的闪光点及时进行赞美。

✅ "这件外套您穿着真有气质，真羡慕您这种身材好的，穿什么衣服都能彰显自己的气质。"

☑ "您换新发型了吧？上次见面好像不是这个发型，新发型衬得您更有气质了。"

第三种寒暄方式叫描述式，我们可以对正在发生的事情进行简单描述。

☑ "贵公司的会议室看起来格外整洁明亮，想必今天的洽谈也会因此而更加高效。"

第四种寒暄方式叫感受式，我们可以找到周围环境中不同寻常的地方，从而打开话题。

☑ "今天外面太阳可晒了，过来的路上热不热？"

观察上述寒暄的例子，我们可以发现，每一句寒暄后面都紧跟着一个感叹句或问句。这表明，在商业谈判开始之前，可以通过恰当的寒暄，提出一个既简单又易于回答的问题，从而鼓励客户作出回应。一旦对方开始回应，我们就可以顺势接过话题，继续展开陈述。在陈述之后，再次提出问题，通过这种一来一往的互动，有助于缓解商业谈判的紧张气氛。

3 如何展现专业度和权威感

在商业谈判中，展现自己公司的实力是非常重要的。一个有权威的团队可以让我们在商业谈判中获得更多的优势，让对方信任我们，愿意与我们合作。那么，怎么样才能在客户面前，建立专业度和权威感呢？

这意味着我们必须在商业谈判中展现出自己的专业知识和经验，以及对行业的深刻理解和洞察。当然，更重要的是，我们要能够清晰地表达自己的思想和观点。很多人对行业的理解和认知很到位，但是表达能力欠缺、逻辑不清晰，最终没有表达出自己的真实想法。

> ❌ "我们产品的市场发展前景很好，大家看整个行业的发展趋势图，会发现行业发展……怎么说呢？其实就是行业发展势头很好。"

> ✅ "我们产品的市场发展前景很好，大家看整个行业的发展趋势图，呈现的状态是平稳上升。尤其是近3年，很多行业发展趋势都不太好，但是我们这个行业的产值竟然能出现回升的现象，这就是很好的信号。"

除此之外，在商业谈判中，我们需要自信地表现出自己的态度和观点，让人们相信我们的决定和判断。

> ☑ "按照我们对市场和行业的分析，我认为在未来 3 年，我们的市场占有率至少会上升 5 个百分点，我们产品的品牌价值有望达到目前的 2 倍以上。"

在商业谈判中，诚信是非常重要的，它可以让客户相信我们的承诺，并且愿意与我们建立长期的合作关系。要展现足够的诚信，我们需要遵守承诺，以及在商业谈判中维护自己的原则和底线。

> ☒ "我们想调整一下合约，因为我们核算了一下成本，原来的价格不能覆盖成本。"

> ☑ "今天成本部门向我提出了提高产品价格的提议，原因是我们的产品质量上乘，相应地导致了较高的成本。然而，我并未同意成本部门修改合约的建议，因为价格是在之前就已经商定好的，我们必须信守承诺。因此，这批货物我们将按照原先约定的价格进行供应。我的目标是希望能够与贵公司建立起长期稳定的合作关系。"

专业性的塑造有助于我们在客户心中树立起行业标杆的形象。为了打造权威性，我们需要针对具体的产品或服务，展示出公司的特色和优势。

☑ "我们公司专门成立了研发部，也就是说我们的技术是自己公司研发的，参与研发的都是国内知名大学的教授，他们是我们的技术支撑。也正是因为这点，我们对自己的产品十分有信心。"

在商业谈判中，只有让客户感知到我们的专业度和权威性，对方与我们合作才会更放心，也才会更愿意与我们合作。

4 如何掌握谈判主动权

能够掌握谈判主动权的一方，往往在谈判中占有优势地位。那么，如何掌握谈判主动权呢？

首先，我们应该意识到谈判不是谁说得多谁就掌握了主动权。恰恰相反，我们在谈判开始之后，尽量要让对方多讲，自己多认真聆听。从与对方的谈话中，了解对方的谈判思路，找到双方的共同利益点。

其次，如果客户质疑我们的方案，往往会被认定是对谈判的挑战。如果我们能成功地化解客户的疑惑，就能占有主动权；如果我们无法化解客户的疑惑或者被客户"问住",那我们很容易丧失谈判的主动权。

客户:"我看你们的方案中,提到了去年和前年的销售数据,可为什么去年的销售额会下降呢?"

☑"是这样的,去年我们研发了新产品,将一部分精力放在了新产品的推广上。虽然这款传统型产品的销售额有所下降,但是我们的新产品只用了半年的时间,就打开了市场。新旧产品相加的销售额是大幅度增加的。"

最后,在商业谈判中,强调自己的产品或服务的价值和优势,也是帮助我们掌握谈判主动权的方法。

☑"我们的产品具有独特的设计和高品质的制造工艺,可以满足贵公司的需求,并且我们公司能提供长期的支持和服务,这点是很多公司做不到的。"

总之,在谈判中,节奏不能跟着对手走,否则很容易处于劣势,最后只能频频让步,达不成交易。

5 如何打破被动局面

在商业谈判中，我们通常希望避免陷入被动局面。然而，由于资源配置的差异，我们有时会遇到一些无法完全平等的沟通场景。例如，当客户利用我们的短板作为攻击手段，迫使我们做出让步时，我们就处在了被动状态。那么，当我们发现自己处于这种不利境地时，应该如何扭转乾坤，打破被动的僵局呢？具体可以按照以下四步进行。

第一步，先对对方的观点表示认可，使其放下戒备，缓解当前紧张压抑的气氛。

> ☑ "的确，我们的产品还存在一些不足，您说的这点我们也意识到了。"

第二步，站在对方的立场，透过表面现象深挖对方的心理诉求，找出对方的真实需求与核心利益。

> ☑ "我明白您的顾虑，您注意到了我们的产品在售后服务方面的不足，这也是您担忧用户可能会关注的问题。您提到降价的想法，实际上是在期望我们能够提升售后服务的质量。"

第三步，找到更高的立足点，以对方的真实需求与核心利益为起点，提出我们的看法。

✅ "产品质量始终是我们的首要任务。关于我们的产品，您也有所了解，其质量绝对值得信赖。我们并不希望消费者过分依赖售后服务，这正是因为我们对自家产品有着充分的自信。当然，我们也已经意识到了售后服务方面存在的问题，并制订了相应的改进计划。请您放心，我们将在1个月内完成这些改进措施。"

第四步，将客户的观点慢慢延伸到对自己有利的事实与内容上。

✅ "您提到的降价问题，我认为您真正期望的并非仅仅是价格的微小调整，而是希望我们能够在产品质量和服务上做得更加出色。唯有如此，我们的合作关系才能持久、稳固，消费者也才会对我们建立起深厚的信任。各位对此有何看法呢？"

在讨论过程中，如果对方开始表现出情绪化的倾向，我们应该及时表明双方的立场并非相互对立，更不是在进行一场对错之争。这样的回应不仅能够清晰地传达出自己的观点，还能为对方提供一个台阶，有助于双方重新回到理性沟通的正轨上来。

第二节

为谈判的常见问题备好标准答案

　　在与客户进行谈判时，通常会涉及产品、服务和价格等关键要素。因此，在谈判前，我们需要针对这些核心要点做好充分的准备，并制定出一套标准化的应对策略。例如，客户可能会询问我们产品的独特优势在哪里；如果我们的产品在价格上没有明显优势，我们应该如何突出其相对于竞争对手的优越性；以及当客户对我们的报价表示不满时，我们又该如何有效地说服他们。

　　实际上，对于这些常见问题，我们都可以提前设定好较为标准的回答。通过预先设想客户可能提出的问题，我们可以更加从容不迫地应对实际谈判中的各种情况。

1 没有价格优势，如何与竞品竞争

在商业谈判中，价格是重要的竞争因素。然而，如果你的产品或服务没有价格优势，如何与竞品竞争呢？这就需要运用一些策略和技巧，在价值、服务、品质等方面吸引客户。

首先，我们需要深入了解客户的需求。只有了解了客户的需求，才能更好地提供满足他们需求的产品或服务。

☑ "您对目前使用的产品或服务有哪些不满意的地方？"

☑ "您希望我们的产品或服务能解决哪些问题？"

通过深入了解客户的需求，我们能够发现与竞争对手的产品存在的差异之处，进而为客户创造独特的价值。

其次，在没有价格优势的情况下，提供优质的产品和服务是与竞品竞争的关键。这包括产品的品质、性能、设计、售后服务等方面的优势。

☑ "我们已经通过优化生产工艺、选用高品质原料等方式提高了产品的品质。"

☑ "我们不断研发创新，目的是使产品具有更高的性能，满足客户日益增长的需求。"

☑ "我们深入研究了消费者的喜好和需求，并以此为依据设计出了更具吸引力的产品外观。"

☑ "我们提供快速、专业、贴心的售后服务，解决消费者在使用过程中遇到的问题。"

最后，虽然产品或服务没有价格优势，但仍然可以通过提供有竞争力的价格策略来吸引客户。

☑ "我们提供了组合套餐，这个组合套餐的价格是低于其他竞品的。"

☑ "我们提供分期付款服务，降低您公司的资金压力。"

在没有价格优势的情况下与竞品竞争，需要运用多种策略和方法。通过深入了解客户需求、提供更好的产品和服务、建立品牌形象、提供有竞争力的价格策略以及建立良好的客户关系，我们可以成功地吸引客户，实现与竞品的竞争。同时，我们还需要在市场竞争中不断学习和进步，不断提升自己的竞争力。

2 作为卖方时如何抛出理想报价

在商业谈判中，作为卖方，我们的核心目标是追求最大化的利益。为了实现这一目标，我们需要精心制定一个理想的报价策略。所谓理想报价，是指在确保产品或服务竞争力的同时，能够最大限度地提升我们的利润空间的报价。

首先，在确定报价之前，我们需要对市场进行深入的调研和分析，全面了解竞争对手的动态、客户的具体需求和预期，以及市场的整体供需状况。这些关键信息将为我们制定合理报价策略提供有力支持。

其次，我们需要明确自己的底线价格，即在商业谈判中我们能够接受的最低价格。这个价格应当高于我们的成本，确保我们在谈判过程中拥有足够的议价空间。同时，我们还需要综合考虑其他相关因素，如交货时间、合同期限等，以确保我们的底线价格是全面且具有竞争力的。在实际谈判过程中，我们可以采用一种策略性的方法，即首先提出一个高于我们实际期望的报价，这个报价被称为"锚定报价"。这样做是为了在后续的谈判中，当我们提出一个相对较低的报价时，对方会更容易接受，因为他们会觉得我们已经做出了让步。这种策略可以有效提升我们的谈判地位，增加达成更有利的交易的可能性。

✅ "按照正常市场价，我们产品的定价是每件 800 元，因为您公司要的量大，我们给您优惠到每件 780 元。"

客户："这个价格还是超出了我们的预期，我们公司的预算有限，再加上希望长期合作，您应该给我们一个比较诚心的价格。"

✅"我们也希望能达成长期合作。这样，我冒昧地问一下，您一年的拿货量有多大？合约可以签几年？"

客户："按照目前我们公司的使用量，一年至少需要3万件，如果价格合适，我们可以先签订3年的合同。"

✅"按照您的使用量和合同时长，我们能提供的最大优惠价格是每件760元。这个价格已经低于竞品的价格了。"

如果客户对于价格还是不太满意，还想要压低价格，此时，我们可以将多个产品或服务组合在一起，将其作为一个整体进行报价。这样，我们可以提高我们的总价，从而提高我们的利润。

客户："我们的理想价格肯定不能超过每件740元，所以您目前的价格，还是没有让我们感到诚意。"

✅"我们产品的优质品质决定了我们的价格已经无法再降低，如果再降价，我们的利润空间将几乎为零。不知道这样的方案是否对您来说可以接受？为了表示我们的诚意，我们可以为您提供更长的保质期。原本我们的产品保质期为 24 个月，但如果您同意以每件 760 元的价格成交，我们将把保质期延长至 36 个月。您可以在我们的平台上看到，仅延长 1 年保质期，每件产品就需要额外支付 15 元。"

客户："这个的确也是我们的诉求，好吧，就按照您说的。"

总之，作为卖方，我们需要根据市场情况、自身优势和客户需求来制定合适的报价策略。通过运用锚定法、打包报价等方法，我们可以实现理想的报价，从而实现最大的利益。

3 作为买方时如何讲价

作为买方，当我们发现下游公司的产品价格超出了我们的预算或预期时，我们可以采取以下策略来进行价格谈判，以避免尴尬局面并降低采购成本。

首先，可以结合当下的市场形势，从产品本身的价格入手。

☑ "今年这种品质的原料很多，我们的采购部门也找了几家企业，我之所以坚持和您合作，是因为觉得我们是老朋友了，对你们产品的品质，我还是比较信任的。所以在价格上，你也别让我太为难。"

其次，适当透露同级别竞争对手的价格，让卖方心中有危机感。

✅"坦白说，我们的采购部门已经向几家与您公司规模相当的企业询价了。以某家公司为例，他们的报价就比您低了 × 元。您这边的价格确实超出了我们的预算范围。"

再者，从产品劣势出发，让卖方降低价格。

✅"您也清楚，这款产品的知名度不是很高，我们之所以选择和您合作，其实就是希望降低一些成本。"

最后，从其他附加产品着手，达到降低总成本的目的。

✅"我们公司不是要从你们公司买一批小配件吗？我们看这样行不行，这批小配件加上这些原料，您给我们一个打包价，这样我们也好综合一下成本，这不会让我们太难做。"

无论是通过什么方法，要想让卖方降低价格，都要找到卖方的弱点，这样才更能说服对方。当然，我们的目的是促成谈判，如果对方没有利润，也不会同意合作。因此，在讲价的时候，一定要有度，不能盲目砍价，否则很难促成合作。

4 谈判中如何听懂对方的潜台词

　　无论是在生活中，还是在商业交往中，有很多话是不方便或者不能直接说出来的。这时候，我们就会选择用一种委婉的方式表达出来，让对方知趣。所以，就有了"听话听声，锣鼓听音"这么一句话。在商业谈判中，也是如此，对方想表达的不一定是话语的表面意思，要注意言下之意和言外之意。记住了，在谈判中，我们一定要弄清楚对方的话外音到底是什么意思。

　　下面这几种表述是我们在谈判桌上经常听到的。

> 　　客户："您的价格比别人的要高，这让我们很难做决定。"

　　这句话的意思比较明显，客户还是倾向于跟我们合作的，前提是我们把价格降低一些。

> 　　客户："您说的产品质量，这些我们之前就了解，这并不是我们真正关心的。"

　　这句话表明我们没有读懂客户的真实需求，他们更注重的可能是产品价格或产品售后服务。

> 客户："我们对贵公司还不是太了解，因此要回去考虑考虑。"

这句话表明客户对我们还没有产生信任，他们希望我们拿出更多有说服力或者权威性的内容。只有客户信任了我们的能力，他们才会愿意建立合作。

> 客户："快到年底了，公司都有困难，不知道你们的付款方式是怎么样的？"

这句话表明在结算周期上，客户希望能长一些，希望我们能给他们足够长的周转周期。

> 客户："你们有没有做过调研？现在的包装是不是消费者喜欢的类型？"

这表明客户对我们的产品包装不够满意，甚至质疑我们的调研团队。此时，我们要用专业数据进行分析，取得客户的信赖。

在谈判中，很多客户不会直接告诉我们需求，而是用比较委婉的方式来表达诉求。因此，我们要能听出客户的话外之音，这样才能顺利促成合作。

5 如何打破谈判僵局

在商业谈判中，我们经常会遇到各种难以突破的僵局。这些僵局可能源自双方价值观的不同、利益的冲突，或是信任的缺失等多种因素。面对这样的困境，如何有效地破解僵局，推动谈判向前发展，是每个谈判者都需要认真思考的问题。

首先，我们需要明确一点，打破僵局并不意味着要牺牲自己的利益，而是要在尊重彼此的基础上，寻找一个双方都能接受的解决方案。当双方在某个问题上陷入僵持时，我们可以尝试换一个角度去审视这个问题，或者将问题拆分成几个更小的部分，逐个击破。

 "我们在这个价格上确实存在分歧，但我认为我们可以将其看作一个长期的合作投资。如果我们能在这一点上达成一致，我相信其他的合作细节上的问题都能顺利解决。"

此外，识别并聚焦于双方的共同目标，然后围绕这一目标展开谈判，有助于将双方的注意力从争执转向合作，从而促进谈判的顺利进行。

 "我们都希望这个项目能够成功。那么，我们何不先就这个项目的成功标准达成共识，再讨论其他的细节问题呢？"

再者，当传统的解决方案无法解决问题时，可以尝试提出一些创新的解决方案。

☑ "我注意到我们在成本和质量方面都存在一些担忧。为什么不考虑采用阶段性支付的方式来减轻前期的投资压力，同时确保产品的质量呢？"

最后，信任是谈判的基础。我们可以通过展示诚意、公开透明地交流信息、尊重对方等方式，建立和维护双方的信任。

☑ "我知道我们在这个问题上有分歧，但我愿意完全公开我们的计算过程，让您了解我们的决策依据。我希望我们能够以诚信为基础，共同找到一个双方都能接受的解决方案。"

总之，打破谈判僵局需要我们具备灵活的思维、开放的沟通态度和良好的信任基础。只有这样，我们才能在谈判中找到双方都能接受的解决方案，推动谈判的进程。

6 如何确定成交价格

在谈判中，确定成交价格是一项至关重要的任务。为了达成双方都能接受的价格，谈判者需要运用一定的策略和技巧。

首先，成交价格要有底线，不能为了讨好客户，而没有底线地降价。要知道，我们与客户谈判的目的是实现共赢，而不仅仅是卖出产品。

☑ "您要求的价格的确比我们的成本还低，这个价格是我们公司没办法接受的，毕竟谁也不能赔钱做生意。我给您的价格，应该是您公司能接受的，并且是低于市场竞品价格的。"

其次，我们提出的成交价格，一定是要有合理依据的。即便我们的价格高一些，也要有能说服对方的理由。

☑ "无论是产品质量、售后服务，还是我们提供的回款周期、运输费用等，都与我们的报价体系保持一致。请问您觉得这个价格是否合适？如果合适的话，我们可以尽快签订正式合同。"

最后，确定的成交价，要让客户感到物超所值，这样对方才会心甘情愿地与我们合作。

> ✅ "我们也谈了有 3 个小时了，价格方面实在是没有下降的空间了。如果今天能够签订合同，我愿意说服市场部，给您的产品换个包装，打上'专供'字样。这样一来，这一批货可以成为您公司的专属宣传品。"

成交价一定是在双方共赢的基础上制定的，不仅要考虑自身的成本，更要考虑客户的承受能力、竞品价格等。因此，不可盲目定价。

7 如何将客户发展成长期客户

实现成交就算完成了这次合作吗？其实不然，签订合作合约只是合作的第一步。此时，客户最担心的是我们不能按照合约要求，按时、保质地提供产品或服务。因此，我们此时要做的是积累信用，让客户放心。

如果我们生产产品的周期比较长，那么可以适时向客户汇报产品生产的进度，从而让客户放心。

✅ "张总，您好。我给您汇报一下我们产品的进度，现在已经完成了三分之一左右，按照目前的速度，会在合同约定的日期内，提前 5 天交货。质量上，您也请放心，我们欢迎您那边的人员来进行样品抽查。"

如果我们提供的是服务，那么更要关注客户的反馈，甚至可以提前给客户一些建议。

✅ "按照目前公司的开票额，这个季度已经很高了，如果公司再签订新业务，开票的话可以安排到下个季度。"

我们在交货时，运用合理的话术，也能提升我们在客户心中的信用度。

✅ "王总，周三是交货日，我们周二下午 3 点左右会将全部货物运到您指定的地点，您安排一个人接应就可以了。货到之后，您也可以安排工作人员抽检，如果有不合格的，我们会在周三上午 10 点左右将补发的货物送过去。"

在这次合作结束之后，可以在一段时间内，打电话询问客户的使用感受或体验效果。

✓ "张总，您对我们公司的这批货还满意吗？有没有什么意见或建议？我们愿意对产品进行改进和完善。"

成交不是结束，而是合作的开始，我们要想将客户发展成长期客户，就要不断积累信任，让客户彻底信赖我们。

第三节

谈判中如何创造认同感

　　认同感在谈判中扮演着至关重要的角色。当对方对我们产生认同感时，我们的话语往往能够轻松地影响他们的判断和决策。认同感无处不在，每个人内心深处都渴望得到他人的认同。在商业谈判中，认同感通常具有巨大的影响力。例如，如今许多人选择购买国产手机而非国外知名品牌，这在很大程度上源于对民族品牌的认同感。

　　谈判的成功同样源于认同。无论是对产品本身还是对我们个人的认同，只要客户在其中任何一个方面产生了认同感，就有可能促成谈判的圆满成功。然而，如果客户无法对我们产生认同感，即使我们的产品质量卓越、售后服务完善，也可能导致合作无法顺利进行。因此，在谈判前我们需要做好充分的准备，并在谈判过程中运用巧妙的谈判技巧，让客户对我们的产品、公司以及个人产生坚定不移的认同感。

1 如何摸清对方的需求

正所谓"知己知彼，百战不殆"，在与对方进行谈判之前，我们要先摸清对方的真实需求。这样才有利于提升对方的认同感，才不会让谈判失去意义。

在谈判开始之前，我们可以通过调查和了解对方的背景资料，初步了解对方的需求和期望。

✓ "请问您对这个项目的预期是什么？"

✓ "您希望在多长时间内完成这个项目？"

✓ "您公司一般的付款周期是多久？"

✓ "您在产品性能方面，有没有特殊的要求？"

通过这些问题，我们可以更好地了解对方的需求和期望。

在谈判中，我们在了解了对方的大致需求之后，更要让对方认识到我们的产品和服务的价值，从而发自内心地认可我们的产品或服务。

✅ "我们的产品在市场上的口碑非常好，我们公司已经为很多知名企业提供了优质的服务。"

✅ "我们的团队成员都是经验丰富、技术过硬的人才，他们可以为您的项目提供最专业、最高效的支持。"

在我们了解对方真正需要什么的情况下，我们才能通过谈判，让对方对我们产生认同感。

2 如何让谈判双方达成共识

在任何一次商业谈判或人际交往中，双方都有可能产生分歧，而我们进行谈判的目的不是产生分歧，而是达成共识、促成合作。那么，如何让谈判双方达成共识呢？

首先，找出双方的利益共同点。虽然一个是买方、一个是卖方，看似是对立关系，但是只要能坐在谈判桌上，就表明彼此之间是存在利益共同点的。

✅ "张总，您看，贵公司希望通过与我们的合作，借助我们产品的市场影响力来提升贵公司在市场上的份额。同时，我们公司也希望通过与贵公司的合作，进一步提升我

们在行业内的标杆地位。从这个角度来看，我们的合作是
互利共赢的。"

其次，针对分歧点进行分析，当场找到解决的办法。既然有
分歧点，多半就是在这个点上，利益分配出现了分歧。因此，分
歧的解决，其实就是促成合作的关键。

☑"对于合作，除了在价格上有分歧，我相信我们没有
其他的问题了，对吧？张总。"

　　张总："对的，其他方面我们都可以接受。"

☑"那我们就来解决价格分歧这一问题。这样，我们
为了能达成合作，互相成就，各让一步可不可以？按照我
和您说的价格，我取一个中间值，您看这样是否可以？"

　　张总："您这个办法不错，这样的价格我们也可以
接受。"

最后，我们要摒弃"我是对的，你是错的"这种观念。在
商业谈判中，过分纠结于对错是无法达成共识的。请记住，我
们的目标不是要证明自己是对的，也不是要战胜对手，而是要
赢得对手的信任和合作。因此，当与对方出现分歧时，我们不应

固执己见，认为只有自己是对的，而应该寻求共识，以实现共赢为目标。

3 如何通过提问引导对方

在谈判中，获得信息的一般手段是提问。

谈判成功的前提就是了解对方的想法。我们可以通过提问获得很多有效信息，还能引导对方的谈判思路，这对我们的谈判有很大的帮助。提问一般有以下几种方式。

第一种方式是一般性提问。

☑ "您认为这个方案如何？"

☑ "各位觉得这个价格是否可以？"

第二种方式是直接性提问。

☑ "这个问题，您的团队是否能解决？"

☑ "你们如何保障合格率？"

第三种方式是诱导性提问。

✅ "这不就是事实吗？"

✅ "这样的方案不就很合理吗？"

第四种方式是探询性提问。

✅ "是不是这个道理啊？"

✅ "您认为这样对不对？"

第五种方式是选择性提问。

✅ "是用这个方案，还是用那个方案？"

✅ "您选择这个精装套盒，还是那个普装套盒？"

第六种方式是假设性提问。

✅ "假如运输中出现损坏，这要怎么办？"

✅ "假如到期后，没有完成布展，您说怎么处理？"

✅ "假如消费者体验效果很差,这个活动方案怎么处理？"

这六种提问方式，可以让我们在了解对方所需之后，引导对方进行商讨，从而达成共识。

创造认同感的过程，其实就是解决一个个问题的过程。因此，我们可以通过提问来引导对方按照我们的逻辑进行回答，从而与我们达成共识。

4 如何打消对方的疑虑

为了与对方达成合作并创造认同感，最关键的一步是消除对方的各种疑虑。而消除疑虑的过程，实际上就是解决问题的过程。

为了消除对方的疑虑，我们需要深入了解他们的担忧所在。在谈判过程中，客户的言辞往往反映了他们所关心的问题。

客户："按照你们公司的生产速度,如果我们要30万件,1个月内是否能完成,并保质保量地交货？"（这句话证明客户对我们的生产加工能力心存怀疑，要打消客户的疑虑，可以将以往我们的生产单量和交货单量拿出来，或者是请客户去车间视察，给对方吃一颗"定心丸"。）

✓"因为您这批货量比较大，我也猜到您有这方面的担心。这是我们今年做过的一单，当时对方要了10万件，要求我们在8天内交货。我们按期完成了订单，如果您还有疑虑，可以去我们的车间看看。我们的设备数量和工人数量，足以承担 1 个月生产 30 万件的任务量。"

客户："按照你这么说，你们的生产速度应该是没有问题的。但是速度这么快，在质量上会不会出问题？"（对质量的担心是很常见的问题，要打消客户的担忧，我们需要拿出真实的售后数据。）

☑"在通常情况下，人们会认为生产速度的提升会导致质量的下降。然而，我们引进了最先进的生产设备，并且我们的工人都经过了专业的培训。我们会对每一批产品进行严格的抽样检查，这是我们的抽样数据，不合格率最高时为万分之一。对于您这 30 万件的订单，我们会按照万分之二的不合格率为您配货，也就是说，您将收到共计30060 件货物。"

客户："如果这样就太好了，那我们对产品质量和速度都没有疑问了。如果产品在使用中，出现问题怎么办？毕竟这么大批量的货，一旦有问题，那就是大问题。"（这明显是客户对产品售后服务有一定的担忧。）

☑"请您放心，我们的销售经理李经理将会全程负责与您对接。在质保期内，如果遇到问题，您可以直接联系我，也可以联系李经理。"

客户："好的，这下我们就放心了。"

针对对方的不同问题，我们要有针对性地做出回答，帮助对方打消疑虑。我们的回答千万不能含糊其词，否则会给客户一种"心里没底"的感受。

5 如何通过示弱来降低对方的戒备

我们普遍有一种心理，对比自己强大或与自己势均力敌的人常常会怀有警惕心，对于比自己弱的对手会放松戒备。在商业谈判中也是如此，如果我们过于强势，对方会对我们加强防备，甚至会产生很强的戒备心。因此，在商业谈判中，我们可以通过故意示弱来使对方放松戒备，让交谈更顺畅，更容易创造认同感。

在谈判过程中，如果对方担心我们会"店大欺客"，我们可以跟对方讲一下自己的创业经历，让对方看到我们曾经的"弱小"，从而让对方愿意相信我们。

> ☑ "我们公司也是从一个仅有三个人的小团队起步的，当时我们也曾担心与大公司合作时会被对方打压。因此，我们非常理解您现在的担忧。请您放心，我们曾经也经历过困难时期，从小规模逐渐发展壮大到现在。我们亲身经历过被大公司打压的情况，所以我们绝不会做出那样的事情。"

在谈判中，当对方因为我们企业规模小，担心我们做事情不够专业，一些重要资料不愿意交付给我们时，我们就要展现出专业度，从而取得对方的信任。

> ☑ "如果您不将设计图发送给我们，我们将如何进行准确的价格估算呢？我们明白，设计图是您这个项目的核心机密，我们也有自己的职业操守，对于客户提供的所有资料，我们都会严格保密，即使在项目结束后，也不会泄露给任何第三方。此外，我们在行业内的影响力还不足以引起您的担忧，像您这样规模的公司，我们都会主动与您签订保密协议，以确保您的知识产权得到充分保护。"

如果客户在价格方面心里有戒备，担心我们会肆意压低价格，不肯说出底价。此时，我们可以这样与客户交流。

> ☑ "我们已经向各位透露了我们的底价，但似乎大家仍然感到不满意。我们是一家规模相对较小的公司，因此在成本控制方面做得相当到位。只要我们的成本能够承受，价格都是可以商量的。那么，贵公司的底价是多少呢？"

针对客户的戒备心，我们要用专业的业务能力来说服对方，同时，通过示弱的方式，来让对方感受到我们不会对其造成任何威胁，这样才能打消对方的疑虑，让他们放心与我们进行沟通谈判。